大师读书治学那些事儿

刘新勇 著

山东画报出版社

图书在版编目（CIP）数据

大师读书治学那些事儿／刘新勇著. —济南：山东画报出版社，2019.8

ISBN 978-7-5474-3250-1

Ⅰ.①大… Ⅱ.①刘… Ⅲ.①名人—生平事迹—中国—近现代②读书方法③治学方法 Ⅳ.①K820.5 ②G79

中国版本图书馆CIP数据核字（2019）第172302号

大师读书治学那些事儿

刘新勇 著

选题策划 傅光中
责任编辑 姜 辉
装帧设计 王 芳 李 娜

出 版 人 李文波
主管单位 山东出版传媒股份有限公司
出版发行 山東畫報出版社
社 址 济南市英雄山路189号B座 邮编 250002
电 话 总编室（0531）82098472
市场部（0531）82098479 82098476（传真）
网 址 http：//www.hbcbs.com.cn
电子信箱 hbcb@sdpress.com.cn
印 刷 山东星海彩印有限公司
规 格 160毫米×230毫米 1/32
8.75印张 88幅图 250千字
版 次 2019年8月第1版
印 次 2019年8月第1次印刷
书 号 ISBN 978-7-5474-3250-1
定 价 45.00元

前　言

书是人类进步的阶梯。知识改变命运，阅读改变人生。腹有诗书气自华，阅读不能改变人生的起点，却可以定位人生的方向；阅读不能改变人生的长度，但是可以拓展人生的宽度。然而，古今中外的书籍浩如烟海，种类繁多，各种门类的新知识也是日新月异，层出不穷，如何通过读书治学来实现自己的人生理想呢？

从名人身上借鉴读书治学经验无疑是个很好的选择。为此，本书精选了章太炎、梁启超、辜鸿铭、黄侃、钱玄同、陈寅恪等11位在思想界、学术界、文学界家喻户晓的大师。他们大多活跃在晚清民国时期，在这个新学与旧学碰撞，中学与西学交融的特殊年代，他们吸吮于中学，养成于西学，或以讲台为阵地，或以书刊为舞台，无论是在传统文化的传承与改造，还是在中西文化交流方面，以创新的学术体系与范式开启了那个年代的新风气，做出了自己应有的贡献。每个成功人士的背后都有一段不平凡的读书治学经历。这些大师在学习、研磨、论辩、探索过程中，或苦读原籍经典，或向名师虚心请教，或向社会学习自学成才留下的读书故事、治学方法至今仍为后人所津津乐道。

辜鸿铭在回忆昔日学习时光时指出：人们都说我聪明，其实，主要的还是坚持困而学之的办法。久而久之，不难掌握学习艺术，达到不亦说乎的境地。旁人只看见我学习得多，学习得快；他们不知道我是用眼泪换来的！陈寅恪说自己读书已到了无书可读的地步，原来他把中国真正的原籍经典已通读完毕。黄侃读书必动笔墨，他最恨人“杀书头”，不仅自己逢书必点，而且还要求他的学生也如此，否则便责备学生不会读书。他指出：凡研究学问，阙助则支离，好奇则失正，所谓扎硬寨、打死仗乃其正途，亦必如此，方有真知灼见。善于向社会学习，爱读无字之书的沈从文，他爱读的还是那本色香具备内容充实用人事写成的大书。

窥一斑而知全豹，大师们的成功绝非偶然。这些片言鳞爪的背后透露的是大师们问学的路径，研究的细节，治学的范式。鉴于此，本书作者遍览大师们的日记、札记、自述、回忆录、传记、学术交往录等，析出上述动人的故事情节，撰成本书，希望广大读者阅后能够从中受益。

目录

梁启超

黄　侃

钱玄同

刘文典

陈寅恪

胡　适

张恨水

林语堂

沈从文

辜鸿铭

辜鸿铭（1857—1928）

大师睿语

人们都说我聪明，其实，主要的还是坚持困而学之的办法。久而久之，不难掌握学习艺术，达到不亦说乎的境地。旁人只看见我学习得多，学习得快；他们不知道我是用眼泪换来的！有些人认为记忆好坏是天生的，不错，人的记忆力确实有优劣之分，但是认为记忆力不能增加是错误的，人心愈用而愈灵，困而不学，民斯为下矣！

生在南洋，学在西洋

辜鸿铭是如何取得这样令人瞩目的成就的呢？让我们翻一翻他的成长史，看看他那段充满传奇色彩的读书治学经历。

1857 年 7 月 18 日，辜鸿铭出生于马来西亚槟榔屿的一个华侨世家。辜鸿铭祖籍闽南，早年其祖辈由福建惠安迁居此地，其父亲辜紫云在槟榔屿一个叫布朗的英国人经营的橡胶园当总管，母亲则是金发碧眼的葡萄牙人。由于身处南洋，他的父亲既能说流利的闽南话，也能讲英语、马来语，母亲也能讲一口流利的英语和葡萄牙语。天资聪慧加上特殊的家庭氛围，使得辜鸿铭自幼就在语言方面表现出特别的天赋，而没有子女的橡胶园主布朗夫妇对这个天赋异禀、聪明过人的小鸿铭更是喜爱有加，不仅将他收为义子，还亲自指导他读书学习。

为了将这块璞玉精雕细琢，1867 年，在征得了辜紫云的同意后，布朗夫妇决定将辜鸿铭带到英国深造。临行前，父亲辜紫云在祖宗牌位前告诫 10 岁的辜鸿铭，不论走到哪里，不论身边是英国人、德国人还是法国人，都不要忘了，你是中国人。

需要说明的是，在辜鸿铭“学在西洋”的过程中，义父布朗起到了至关重要的作用。布朗为什么要这么做呢？原来在布朗小的时候，他的父亲老布朗本想让他勤奋读书，将来做一个享誉世界的著名学者，可事与愿违，对读书不感兴趣的布朗，后来做了商人，并最终成了一个大富翁。虽然做了富翁，但布朗却常常因没有实现父亲的愿望而懊悔不已。为了弥补自己的遗憾，布朗决定找一个人代他去完成父亲的遗愿。于是布朗借经商之机，走南闯北、沙里淘金，终觅得辜鸿铭这个难得的人才。慧眼识珠的布朗只有一个目标，那就是通过自己的努力，把辜鸿铭培养成一个学贯中西的大学者，给东西方文化建一座最伟大的桥梁，继而拯救中国，教化欧美。

到英国后，布朗郑重地对辜鸿铭指出：我有你的聪明，甘愿作一个学者，拯救人类，不做一个百万富翁，造福自己。我计划让你在德国学科学，再送你去英国学文学、史学、哲学及社会学，学成之后，送你回中国，你再把中国的经典著作，背得熟熟的，学深学透。然后，将中国学术思想与欧洲学术思想融会贯通，得出正确的结论，给人类指出一条光明的大道，让人能过人的生活！布朗的一番话，可谓语重心长，既为辜鸿铭勾勒出人生的宏伟蓝图，又将自己的夙愿深深地印入辜鸿铭那幼小的心灵。

为了帮助辜鸿铭实现这一宏伟目标，布朗可谓费尽心思、倾尽心血。语言是掌握知识的首要工具，为了让辜鸿铭语言过关，布朗让他从西方经典的文学名著歌德的《浮士德》、弥尔顿的《失乐园》以及莎士比亚的戏剧等入手，采用的学习方法也很简单，那就是死记硬背，而且效果颇佳。起初在背诵《浮士德》时，辜鸿铭对这种一味背诵的学习法也有误解，他对布朗说，他听不懂其中的意思怎么办？布朗说，这没关系，只求你说得熟，不求你听得懂；听得懂再背，心就乱了，背不熟了。等你把这本书背得——用你们中国一句话——倒背如流那样熟，我再讲给你听。就这样，天资聪颖的辜鸿铭按照布朗的方法，很快背完了《浮士德》。此后，他又如法炮制，用一年多的时间把莎士比亚的 37 本戏剧都背完了。在学习语言的同时，布朗还与请来的老师为辜鸿铭讲授数学、物理、化学。此外，布朗在课程安排方面也是颇费心机。每逢周末他都带辜鸿铭到公园或郊外去游玩散心。这种劳逸结合的学习法，使辜鸿铭始终对学习保持着浓厚的兴趣。然而，学习也不总是一帆风顺的。在读《法国革命史》时，辜鸿铭哭了。布朗问明原因后说，《法国革命史》不像莎士比亚的戏剧，不能读得太快，每天读一页或半页就成，要熟不要快，快而不熟，等于没学。就这样，辜鸿铭又读完了《法国革命史》，并且自己总结说越读越爱读。

1873 年，辜鸿铭以优异成绩考取了爱丁堡大学文学院。这是一所名人辈出的欧洲名校，哲学家休谟、小说家司各特、生物学家达尔文、历史学家卡莱尔等大师级人物皆毕业于此。巧合的是，深为辜鸿铭所崇拜的卡莱尔当时正担任该校校长。在义父布朗的引荐下，辜鸿铭幸运地结识了这位学界泰斗。卡莱尔不仅是历史学家，还是声名显赫的哲学家、文学家和社会批评家。他曾对资本主义世界做过大量尖锐深刻的批判，在西方他以现代资本主义批判家著称于世。

卡莱尔对辜鸿铭所说的一席话，让已熟读《法国革命史》的辜鸿铭听得如醉如痴。这时，布朗兴奋地鼓励辜鸿铭，你们中国有句话：盛世难逢，名师难遇。自从有人类社会到现在，还没有逢过盛世；可是，你遇见了名师。他接着鼓励辜鸿铭，天地间，没有不费吹灰之力就能获得的学问；没有不费吹灰之力就能做好的事情。何况学通中西，拯救人类的大事业。求知欲极强的辜鸿铭，没有辜负布朗的心愿，在与卡莱尔相处的那段日子，他就像海绵吸水一样尽情地吸收着卡莱尔的精辟见解。卡莱尔对西方社会鞭辟入里的剖析以及对中国传统文化的好感，使得辜鸿铭对万里之外的中华文化有一种强烈的归属感，与此同时，卡莱尔那敏锐的眼光，刻薄的词锋，强烈的现实批判精神，也使这个年轻人的心灵产生了不小的震动，没想到竟由此潜移默化地影响了他一生。

正如布朗所说，随着学习难度的增加，尤其是在学习希腊文、拉丁文时，辜鸿铭不知哭了多少次。虽然如此，每当学习快坚持不住之时，辜鸿铭便想起临行前父亲的嘱托和义父布朗的期望，意志坚强的他总是又咬紧牙关，孜孜不倦地背下去。真是有志者事竟成，功夫不负有心人，说也奇怪，一通百通。后来，不但希腊文、拉丁文，其他各国语言、文学，一学习就会，会就能记得住。多年后，辜鸿铭在回忆这段学习时光时指出：人们都说我聪明，其实，主要的还是坚持困而学之的办法。久而久之，不难掌握学习艺术，达到不亦说乎的境地。旁人只看见我学习得多，学习得快；他们不知道我是用眼泪换来的！确如辜鸿铭所说，在爱丁堡大学学习时，他读书之多学习之刻苦是出了名的。曾有学者回忆，每逢周日，辜鸿铭常携带纸笔到图书馆读书，遇有孤本、珍本或一时难以买到的书，便用笔抄下来，短短几年，光这样的抄书就有数十种。李提摩太等人最怕与辜鸿铭交谈，因为他们读书虽多，但在辜鸿铭面前却有些微不足道。

1877年，辜鸿铭以优异的成绩获得爱丁堡大学文学硕士学位。这时他才从布朗处得知父亲辜紫云已于半月前去世的消息。原来辜紫云在弥留之际曾致函布朗，要保守秘密，不要将自己去世的噩耗告之辜鸿铭，以免影响学习。从爱丁堡大学毕业后，在布朗的安排下，辜鸿铭又前往德国的莱比锡大学学习土木工程，获工科文凭。之后，布朗又让辜鸿铭前往法国巴黎大学学习法语和法学，并刻意将辜鸿铭的住处安排在一个法国名妓的隔壁。这一安排起初弄得辜鸿铭一头雾水，后来他才明白布朗的真实用意。原来布朗是让辜鸿铭在学习的同时，对巴黎这个繁华大都市的社会风貌、人情世故也有个初步了解。总之通过学校学习和社会学习，进而对法国文化、欧洲文化乃至西方文化有更深的认识。一切还真如布朗所愿，这个名妓的府上确实是人来人往，名流云集，常来光顾的不只有观点偏激的政客、夸夸其谈的演说家，还有思想颓废的诗人、小说家……他们在与辜鸿铭的交谈中，无不对这个熟识歌德、莎士比亚作品且谈吐不凡的年轻人刮目相看，而这个年轻人也因此大开眼界，受益匪浅。

辜鸿铭在欧洲留学十余年，足迹遍及英、法、德等多个国家，在这十余年的时间里，辜鸿铭的汗水没有白流，他不仅将西方文化的精髓尽入囊中，而且熟练掌握了9种语言。其写作的英文文章，连英国人也点头称赞，认为有维多利亚时代的味儿。其在爱丁堡留学时的一则趣闻轶事便证明了这一点。某一天，辜鸿铭乘公共汽车，一向搞怪的辜鸿铭为了打发时间，故意将一张英文报纸倒过来看。他的这一举动很快引起了旁边两个英国人的嘲笑，说这个人有多愚蠢！他根本就不懂英语，还要装模作样，连报纸拿倒了都不知道。说完，两个人旁若无人地大笑起来。这时，同一车厢的其他人也都面露鄙夷之色。这两人的举动其实正中辜鸿铭的下怀，只见辜鸿铭不慌不忙地放下报纸，用一口流利而纯正的英语说他们，你们这两个毛头小伙子，真不知天高地厚，你们的英国文字简直太简单了，不倒过来看，根本没什么意思。接着，他还真现场表演了一回倒读报纸的绝活，结果弄得这两个英国人赶紧灰溜溜地跑到了别的车厢。

学贯中西

辜鸿铭青年时期像

1880 年，意气风发的辜鸿铭返回了槟榔屿。经过十余年的西学洗礼，昔日的懵懂少年已变成了一位博通西学文质彬彬的青年学者。他每日西装革履，满口洋文，俨然一副绅士的派头。

1882 年前后，一次偶然的机会，辜鸿铭遇到了语言学大师，《马氏文通》的作者马建忠,两人一见如故,倾谈三日。马建忠说，中华文化博大精深，源远流长，作为留过洋的中国学子，不仅要博通西学，也要精熟中华文化，这样才能找到中国与西方的差距，并设法疗治，从而使我们的民族老而弥壮，使我们的国家自立于世。听了马建忠的一席话后，辜鸿铭犹如拨云见日，茅塞顿开。40 多年后，辜鸿铭在回忆这段往事时指出：我在新加坡同马建忠的晤谈……是我一生中的一件大事。因为正是他——这个马建忠，使我再一次变成一个中国人。

“辜马会晤”后不久，辜鸿铭便向殖民当局提出辞呈，满怀壮志地研究起中华文化。不久，适逢张之洞延揽青年学子兴办洋务，于是辜鸿铭便来到张之洞幕府中做了一名洋文案，并在此一待就是20年。这期间，辜鸿铭一边帮助张之洞统筹洋务，一边潜心研究国学。

留洋多年的辜鸿铭，虽熟练掌握了西学西法，但也多少有些自负。一次，幕府中一个洋顾问因为一个英语语法问题向辜鸿铭请教，辜鸿铭本来从内心就瞧不起这个水平泛泛的洋人，于是就从书架中拿出一本厚厚的英文字典，不屑一顾地说他，你自己查去。而幕府中的一些老翰林、老进士对这个喝过洋墨水的辜鸿铭似乎也不认可，每逢辜鸿铭向他们请教汉文时，他们都说他是读洋书的，没有资格读我们中国的经传。张之洞一向对辜鸿铭很赏识，他听到此事后对辜鸿铭说出缘由，他们不是不肯教你，是因为你没礼貌。师道严肃，未可唐突。随后发生的一件事更令辜鸿铭终生难忘。一次，适逢张之洞生辰，府中自然高朋满座。这时，辜鸿铭又高谈阔论起西学西法，没想到，这次听客中居然坐着晚清大儒沈曾植。待辜鸿铭说完后，沈曾植指出：你说的话，我都懂；你要懂我的话，还须读二十年中国书。此话对辜鸿铭刺激很大，从此他寝馈于中国典籍之中，其间每逢有不解之处，便虚心向幕府中的老翰林、老

对辜鸿铭有知遇之恩的张之洞

进士请教，有时就连总督张之洞也成了他的老师。20 年后，又逢沈曾植为张之洞祝寿，辜鸿铭听说后，急忙令差役将张之洞的藏书往前厅中搬，沈曾植不解地问他，搬书做什么？辜鸿铭回道：他想请教老前辈，哪一部书老前辈能背，他不能背？老前辈懂，他不懂？闻听此言，沈曾植欣然大笑指出：我知道，你能背能懂，我老了，快离开这个舞台了，你正走上这个舞台，今后中国文化这个重担子，就落在你的肩上了。

后来罗振玉曾对辜鸿铭的学习历程做过这样一个总结：辜鸿铭早岁留学欧洲，其声名已藉甚。归国后，返观吾国六经、子、史，道固在是，不待旁求，于是沉酣、寝馈于其中，20 年，而学以大成。

为吾国吾民争辩的急先锋

在欧洲学得西学西法的辜鸿铭，归国后又熟读中国经史，可谓学贯中西、文理兼备。其特殊的文化背景使其对中西文化的比较研究颇有建树，同时对西方近代文明的弊端看得一清二楚。他曾指出：自己如不知西人之学，亦无以知周孔之道之大且极矣。辜鸿铭所处时代，正是中国人对白种人从蔑视、嫉视、仇视，转而为畏惧，然后从畏惧转为崇拜与模仿的时代。就在西方对中国实行文明歧视和民族欺凌的时候，辜鸿铭挺身而出，大义凛然地拿起自己熟识的西学西法，运用一切手段，发出强烈的谴责，理直气壮地捍卫了民族的尊严。尽管其认识有些狭隘，观点也有些偏执，其行为更是古怪荒谬甚至与时代格格不入，但他还是在维护民族尊严、传播中国文化、促进中西文化交流方面做出了应有的贡献。无论如何这在当时已是难能可贵的了。

辜鸿铭对那些小视中国文化的外国人从不客气，总是能镇定自若地利用所学见招拆招，直到将他们批倒为止。辜鸿铭似乎陶醉于这样的胜利，仿佛只有这样才能在外国人面前展现一个中国人的自尊。

19世纪末，日本前首相伊藤博文来中国访问，在武昌，张之洞接见了这位牛气冲天的前首相。这时适逢辜鸿铭的英译本《论语》刚刚问世，于是，顺便赠送了伊藤博文一部。与辜鸿铭一样，伊藤博文也曾留学英国，当他知道辜的留学经历后，故意调侃辜鸿铭，先生留学欧美，精通西学，难道还不知孔孟之道只能施行于数千年前，而不能行于当今吗？辜鸿铭微微一笑指出：孔子的思想，就好比数学家的加减乘除，几千年前是三三得九，几千年后依然是三三得九……贵国如果没有孔子之教，焉能有今日？阁下说的也不是完全没有道理，三三得九也有不正确之处。比如说，我们向洋人借款，三三得九却七折八扣变成了三三得七。还钱时，三三得九却连本带利还了十一！嘿，我真是落伍得很！一席话弄得伊藤博文无话可说。

一天，一位新来的英国教授看见一位戴大墨晶眼镜，拖着一条辫子，土头土脑的老人坐在北大休息室的沙发上。英国教授一时好奇，便指着辜鸿铭，用生硬的中国话问校役这个老头是谁？校役附着他的耳朵低声说是辜教授。英国教授笑了笑，随后用好奇的眼光看着辜鸿铭那稀奇古怪的辫子。这时，辜鸿铭用英语问那位教授的姓名，教什么学科。英国教授告诉辜，他是教文学的，于是辜鸿铭又用拉丁文与他谈话，结果英国教授回答得结结巴巴。只见辜鸿铭低下头，眼光从墨晶眼镜上边看着他指出：你教西洋文学，如何对拉丁文如此隔膜？说得英国教授一时窘困不堪，连忙逃之夭夭。事后他才得知，这个辜教授便是大名鼎鼎的辜鸿铭。

领略过辜鸿铭教诲的不光有外国教授，就连英国的大文豪毛姆也遭到了辜鸿铭的揶揄。1920年，毛姆来到中国欲造访已在西方盛名一时的辜鸿铭，他的朋友为此特写了一张便条请辜鸿铭到毛姆的住处一叙，可是等了好长时间，也不见辜的影子。得知朋友的做法后，毛姆很是后悔，于是恭恭敬敬地拟了一个短简，叙述了他的久仰之意，并求赐一见。毛姆这才得以拜见辜鸿铭。结果一见面，辜鸿铭就不客气地指出：你们英国人往往认为中国人不是苦力定是买办，认为只要随便召唤我们就得随叫随到。你们凭什么说你们比我们好呢？你们的艺术或文字比我们的优美吗？我们的思想家不及你们的深奥吗？我们的文化不及你们的精巧，不及你们的繁复，不及你们的细微吗？当你们穴居野处茹毛饮血的时候，我们已经是进化的人类了……

在民国初年，辜鸿铭住在北京东城区椿树胡同一座普通的四合院里，就是在这个不起眼的四合院里，辜鸿铭在昏暗的灯光下，迎接了一批又一批漂洋过海慕名而来的洋学者。也有外国朋友觉得这里灯光黑暗，不够敞亮，辜鸿铭立马郑重教训朋友，吾东方人，讲明心见性，吾人如心明，则灯自亮，东方人不似西人之专务外表者！尽管如此，依然不断有外国名流前来造访这座“寒舍”。听他讽刺讥笑，若不服气，与他辩论，大都逼得面红耳赤，还得赔笑拉手，尽礼而逃。否则那拖着小辫子的老书生绝不肯饶，尤其是对客从西方来的。他的雄辩，势如雨后江河，滔滔不绝；若无法截住，他会毫不留情地决堤溃岸，当之者不遭灭顶不得解脱。

东学西传的宣传员

清末民初，我国涌现出了一批如严复、林纾这样的著名翻译家，他们翻译的作品如《天演论》《茶花女》等，可谓启蒙影响了几代中国人，严、林也因此成了西学东渐的代表。精通多国语言的辜鸿铭也在翻译方面做出了很大贡献。与严复、林纾二位不同的是，辜鸿铭擅长的是将中国文化推向国外，也就是将汉语作品翻译到西方，而且这工作做得非常出色。

辜鸿铭译著颇丰，其中重要的一项贡献是他创造性地将“四书”中的三部《论语》《中庸》《大学》译成英文，使中国文化走向世界。

在翻译中国经典时，他从西方读者的知识结构出发，在保持原意的基础上，采用了大量西方圣哲的经典话语来对东方经典加以诠释，从而将东方理论与西方思想融在一起，这不得不说是一个创举。如他的《论语》译本便有一个极为引人注目的副标题——一本引用歌德和其他西方作家的话来注解的新的特别翻译。这一中西合璧的

辜鸿铭英译《中庸》书影

翻译风格，使得他的译作在西方大受欢迎。翻译家林语堂对这位前辈的英文水平也是顶礼膜拜，他指出：辜鸿铭是具备一流才智的人，而且最重要的是他有见识和深度，不是这时代中的人能有的。《莎士比亚全集》的译者梁实秋曾这样描述辜鸿铭的翻译技巧：先生好选《诗经》中的成句，译英文诗，虽未能天衣无缝，亦颇极传神之妙……

辜鸿铭自 1883 年在英文报纸《华北日报》上发表题为“中国学”的文章开始，其作品便一发而不可收。辜鸿铭的作品多以弘扬中国文化，批判西方文明为主。作为博通中西的语言大师，其文章笔锋犀利，字字珠玑、一针见血。林语堂在圣约翰大学时便好读辜鸿铭的文章，每逢北京《英文日报》刊载辜鸿铭文章，更是每期必读。辜鸿铭不仅写得好，演讲也极具人气，他曾应他国公使之邀在东交民巷使馆区内的六国饭店做英文演讲，深受在京的西方人士的欢迎。当时，中国人演讲是不卖票的，但辜鸿铭不，他的演讲不但要卖票，而且票价是两元。那时梅兰芳的戏票也才一元二角。辜鸿铭的代表作《中国人的精神》（又名《春秋大义》）便是以此演讲稿修改而成，当该书的德文版面世后，立刻在正进行第一次世界大战的德国引起巨大轰动。此后该书在世界各国又有多个译本问世。

关于该书还有一个小花絮。《中国人的精神》一书面世后，不久便风行欧美各国。日本有一杂志，从德国本择译此书之大概刊于该杂志。后商务印书馆所出之《东方杂志》，又将日本杂志中的该书内容译为中文，称为中国人“古先生”所著书云云。《东方杂志》竟出了这么大的笑话，实在是不应该。这件事也说明辜鸿铭在国内的名气远不如国外。

当时，辜鸿铭的著作在欧洲红极一时，成为多所大学的哲学课必读书籍。德国的哲学教授奈尔逊便一直把辜鸿铭的著作奉若珍宝，他尤爱读辜鸿铭的书，有的甚至反复读了丨几遍，他对学生说，他自己每读一次便多一次收获。更有甚者，一位德国教授不光自己爱读辜鸿铭的书，还要求他的学生读，学生若不懂辜鸿铭，便不允许

1924年6月22日，辜鸿铭与泰戈尔摄于清华园工字厅。

他参加讨论。罗家伦说他善于运用中国的观点来批评西洋的社会和文化，能够搔着人家的痒处，这是辜先生能够得到西洋文艺界赞美佩服的一个理由。

美国当代著名汉学家艾恺在用中文写成的《世界范围内的反现代化思潮——论文化守成主义》中曾给辜鸿铭立下专节，并做出如下估计：在战时与战后欧洲悲观与幻灭的氛围中，与泰戈尔、冈仓等一起成为东方著名的圣哲者的，是辜鸿铭，不是梁漱溟或梁启超。1913 年，辜鸿铭与泰戈尔一起被提名角逐诺贝尔文学奖，这是中国人第一次享此殊荣，虽然大奖最终花落印度的泰戈尔，但在西方人眼中辜鸿铭仍是那个时代最有影响力的东方学者之一。可以说辜鸿铭是当时中国唯一的一位世界性学者。

旧文化的最后坚守者

在近代中国，对于东西方文化都了解而坚持文化保守主义的学者，辜鸿铭应当说是第一人。辜鸿铭对于五四运动、文学革命、白话文、中国全盘西化等都持反对态度，但对于中国旧的东西，几乎都是举手称赞。

其日常的着装打扮就是很好的例子，在民国绝对算是一景。周作人曾对辜鸿铭的穿着打扮进行过细致描述，说北大第一古怪人非辜鸿铭莫属。他生得一副深眼睛高鼻子的洋人相貌，头上一撮黄头毛，却编了一条小辫子，冬天穿枣红宁绸的大袖方马褂，上戴瓜皮小帽；不要说在民国十年前后的北京，就是在前清时代，马路上遇见这样一位小城市里的华装教士似的人物，大家也不免要张大了眼睛看得出神的吧。更其妙的是那包车的车夫，不知是从哪里乡下去特地找了来的，或者是徐州辫子兵的余留亦未可知，也是一个背拖大辫子的汉子，正同课堂上的主人是好一对，他在红楼的大门外坐在车兜上等着，也不失为车夫队中一个特殊的人物。梁实秋对辜鸿铭的打

辜鸿铭像

扮观察得更为仔细，说辜鸿铭枣红袍与天青褂上之油腻，尤可鉴人，粲者立于其前，不须揽镜，即有顾影自怜之乐。

辜鸿铭态度鲜明，有想法从不藏着掖着，即使面对国人，也是张口即来。1915 年 9 月，在北大开学典礼上，他就大发议论。说现在人作的文章都不通，用的名词就不通。比如说“改良”二字吧，以前都说“从良”，没有说“改良”的，既然已经是“良”了，你还要改什么，要改“良”为“娼”吗？一次辜鸿铭参加宴会，在座的有严复、林纾等人，但辜并不认识严、林二位。辜鸿铭恨不能“杀”二人以谢天下。严复听后置若罔闻，林纾则有些不高兴，不解地问为什么要“杀”二人？辜鸿铭指出：自严复译《天演论》出，国人知有物竞而不知有公理，于是兵连祸结矣。自林纾译《茶花女》出，学子知有男女而不知有礼仪，于是人欲横流矣。林纾听罢，不置可否。

“三章约法”的北大教授

1915 年，辜鸿铭在北京大学任教授，其教授的课程正是其所擅长的英国文学。讲堂上的辜鸿铭也是个性十足，花样迭出。由于从小受西方教育模式的影响，其教学不拘泥于中国传统教学法，讲起课来时而一本正经要求极严，时而又庄谐杂出上下互动，时而引经据典、旁征博引，时而天南地北、海阔天空。总之，其别具一格的教学模式，令学生们大开眼界、受益匪浅。

辜鸿铭的学生罗家伦在回忆上课时的情景。一天，辜鸿铭到了教室首先宣告：我有三章约法，你们受得了的就来上我的课，受不了的就早退出。第一章，我进来的时候，你们要站起来，上完课要我先出去，你们才能出去；第二章，我问你们话和你们问我话时都得站起来；第三章，我指定你们要背的书，你们都要背，背不出不能坐下。全班同学都认为第一和第二容易办到，到第三点却有点困难，可是看到辜鸿铭一本正经不容侵犯的表情，谁也不敢提出异议。但是，辜鸿铭的教学方式绝不死板，凭借其渊博的知识，不凡的海外留学经历，常常把课堂搞得妙趣横生、趣味无穷，令这些青年学子们其乐融融、流连忘返。

有时候他说，今天教你们外国“大雅”。有时候说，今天教你们外国“小雅”。哪天他高兴了，又说，今天教你们“洋离骚”。这“洋离骚”原来是弥尔顿的一首长诗《利西达斯》。为什么称为“洋离骚”呢？原来这是弥尔顿为吊唁一位在爱尔兰海附近落水而亡的朋友所作的诗。平时他喜欢将他的学生请到家中，与之谈天说地。他的女儿也常常同这些学生跳舞、打台球。他说，跳舞是西方很要紧的一种礼仪，就像中国古代进退左右的礼仪一般，必须要掌握。他有时教学生念英文本的《千字文》，音调很足，口念足踏，全班也摇头晃脑地同声齐唱。多年后，其学生震瀛回忆当时的情景指出，现在想起来，也很觉可笑。看他的为人，越发诙谐滑稽，委实弄得我们乐而忘倦，这也是教学的一种方法，所以学生也很喜欢。

上英文课，学生们最怕的是翻译，有时辜鸿铭让学生翻译《千字文》，把天地玄黄，宇宙洪荒等翻译成英文，真比孙悟空戴紧箍咒还要痛苦。可是辜鸿铭却乐此不疲。

在课堂上，辜鸿铭反复强调学生要多背诵英文诗，并将义父布朗传授的死记硬背读书法向学生们兜售，他说，要你们背的诗文，一定要背得滚瓜烂熟才可以。否则学到头，也不过像时下一般学英文的，学了十年，也仅能看个报，写个信而已，终其一生，只得小成，这都是幼年读一猫一狗式教科书所致。他很赞成中国私塾教授法，开蒙未久，即读四书五经，直到倒背如流。他说中国人之所以记忆力好，是因为中国人是用心记忆，而外国人是用脑记忆。

辜鸿铭即使教英文诗也不忘弘扬中国文化，宣传中国文明。他公开对学生们讲：我们为什么要学英文诗呢？那是因为要你们学好英文后，把我们中国人做人的道理，温柔敦厚的诗教，去晓谕那些四夷之邦。他在教《人之初》的翻译技巧时说，《人之初》里面有许多科学，其开宗明义便说“性本善”，这是有关人生哲学的问题，与法儒卢梭的论调相同。像什么一而十，十而百，百而千，千而万说的是数学，什么曰水火，木金土……这是说的物理化学。什么三纲五常又讲的是伦理学，什么天地人，日月星又是关于宇宙论、天文学等方面的知识。他说这本书犹如教导小学生的一部百科全书。

总之，凡是中国旧有的东西辜鸿铭都很喜欢，并竭力去宣扬。对那些小视中国传统文化的西方人和厌弃本国传统文化及主张全盘西化的中国人，无论职位高低，名气大小，他都利用平生所学全力去反击。尽管其一生饱受挖苦、嘲笑甚至诋毁，但他依然我行我素，孤独地坚守着自己的信念，直至终生。尽管力量有些单薄，但他仍然为中国文化走向世界做出了应有的贡献。

章太炎

章太炎（1869—1936）

大师睿语

大凡非常可怪的议论，不是神经病人，断不能想，就能想也不敢说，说了以后，遇着艰难困苦的时候，不是神经病人，断不能百折不回，孤行己意。所以古来有大学问、成大事业的，必得有神经病才能做到。为这缘故，兄弟承认自己有神经病，也愿诸位同志，人人个个，都有一两分的神经病。近来有人传说：某某是有神经病，某某也是有神经病，兄弟看来，不怕有神经病，只怕富贵利禄当面现前的时候，那神经病立刻好了，这才是要不得呢！

学问与革命业绩赫然

袁世凯一生最怕两支笔：一支是梁启超，一支是章太炎。袁世凯说，这两支笔，笔力千钧，抵得上几个师的军队！本文说的便是其中之一的章太炎。章太炎（1869—1936），浙江余杭人，原名学乘，字枚叔，以纪念汉代辞赋家枚乘，后易名为炳麟，因仰慕顾绛（顾炎武）的为人行事而改名为绛，号太炎，早年又号膏兰室主人、刘子骏私淑弟子等。在众多名号中，“太炎”最为人们所熟知，世人常称之为“太炎先生”。清末民初民主革命思想家、史学家、朴学大师。研究范围涉及历史、哲学、政治、佛学、医学等，著述甚丰。

黄侃评价乃师章太炎：先生懿行至多，著述尤富。文辞训故，集清儒之大成；内典玄言，阐晋康（唐）之遗绪；博综兼善，实命世之大儒。梁启超评价章太炎指出：其精义多乾嘉诸老所未发明。应用正统派之研究法，而廓大其内容，延辟其新径，实炳麟一大成功也。炳麟用佛学解老庄，极有理致，所著《齐物论释》虽间有牵合处，然确能为研究庄子哲学者开一新国土。……盖炳麟中岁以后所得，固非清学所能限矣。其影响于近年来学界者亦至巨。

章太炎不仅学术超人，还是革命元勋。鲁迅认为他的业绩，留在革命史上的，实在比在学术史上还要大。考其生平，以大勋章作扇坠，临总统府之门，大诟袁世凯的包藏祸心者，并世无第二人；七次被追捕，三次入牢狱，而革命之志，终不屈挠者，并世亦无第二人：这才是先哲的精神，后生的楷范。1911 年 10 月，武昌起义爆发，11 月，章太炎由日本返回祖国，受到舆论界的高度评价，《民立报》称章太炎，中国近代之大文豪，而亦革命家之巨子也。

观章太炎的一生，学问与革命业绩赫然，他是清代学术史上的压阵大将，又是光复会的创始人之一以及同盟会机关报《民报》的主持人，反清有他，讨袁有他，其战斗文章犹如秋风扫落叶，横扫千军，所向披靡，推翻清朝和建立民国他功莫大焉。总之，他以他的生命，实践了中国传统儒生为往圣继绝学，为万世开太平的理想，践行了天下兴亡，匹夫有责的崇高信念。

故乡沃土，孕育奇才

浙江余杭章太炎家可谓世代书香，其祖父留下的藏书多达5000多卷。至章太炎父亲时，章家因太平天国运动，家道中落，但父亲对子女的教育依然非常重视。他不仅积极督促孩子们认真耕读，还立下严格的家训，告诫他们要精研经史，以重振门楣。

作为家中的幼子，章太炎自小便显现出过人的天赋。章太炎6岁时，一日下雨，父亲邀请10余位亲朋好友在家一觞一咏，畅叙幽情。兴致盎然之时，一位同宗的章老先生，让小太炎即景诵诗一首。小太炎略作思考诵道：天上雷阵阵，地下雨倾盆；笼中鸡闭户，室外犬管门。顿时，四座皆惊，掌声一片。章老先生当即令人拿来笔墨纸砚，龙飞凤舞地录下了这首“六龄童诗”。该诗现珍藏于章太炎纪念馆。

童年时的章太炎便以“书迷”著称。那时，其母亲常邀友人在家打牌消遣，而章太炎就坐在旁边看书，虽环境吵闹，他却闹中取静，读得津津有味。一日，章太炎在天井看书，不知不觉天色渐暗，气温转低，长嫂唤他进屋添衣。由于他看得入神，长嫂连唤三次，他才勉强进屋，随手穿上一件外衣后仍回天井借光读书。结果众人见后，大笑不已，原来他刚才穿的竟是其长嫂的“花马甲”。而章太炎却茫然不知，并问家人都笑什么，告诉他，让他也乐一乐。众人越发笑得前仰后合。

儿时的章太炎受外祖父朱有虔的民族主义思想影响很深。海盐朱家也是有名的书香门第。朱有虔本人精通汉学，曾著有《双桂轩集》二十卷。在章太炎 9 岁时，朱有虔自海盐来余杭章家，指导章太炎学习文字、音韵学，前后达 4 年之久。这为章太炎打下了坚实的国学基础。更为重要的是，章太炎在此读书时期萌发了“夷夏之防”的思想，幼小的心灵中埋下了反清革命的种子，为他日后走向革命救国的道路奠定了思想基础。故事是这样的，一天，朱老先生在授课之余给章太炎讲起清初“文字狱”的故事。自此，章太炎遂有“逐满之志”。后来，在朱老先生的指导下，章太炎又读了《嘉定屠城纪略》《扬州十日记》等有关明朝灭亡以及清军镇压反清民众的著作，“仇满之念固已勃然在胸”。章太炎对此印象深刻，多年后他回忆此事指出：余之革命思想即伏根于此。

光绪十六年（1890），尊父亲“遗训”章太炎来到杭州西子湖畔的诂经精舍求学。诂经精舍是清代嘉庆时期由著名学者阮元建立的书院，阮元、王昶、孙星衍等知名学者都曾在此传道授业，是盛名一时的学术重镇。诂经精舍曾于太平天国时毁于战火。1866 年，在当地官府的倡导下，得以重建，由著名的经学大师俞樾担任山长。这位晚清学术泰斗是与顾炎武、戴震、王念孙、王引之等一脉相承的朴学大师。在他的主持下，诂经精舍很快又成为人才济济、英才辈出的著名学府。

面对慕名而来的章太炎，俞樾没有直接答应其请求，而是出了两道试题。其一是关于《礼记》中周官人数的问题；其二是关于《孝经》上所说“先王”是谁的问题。这两道题明显又偏又怪，一般读书人是难以答复的。俞樾本意是让章太炎知难而退。但话音刚落，章太炎便引经据典、言简意赅地作了圆满回答。面对这个可造之才，喜上眉梢的俞樾当即将其收为正式弟子。

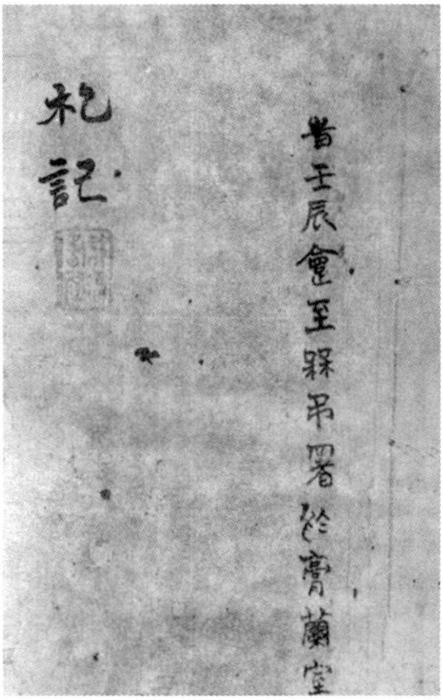

《膏兰室札记》手稿题笺

在诂经精舍期间，章太炎在俞樾的指导下，苦研经训，遍览群经诸子，学业大进。同时，他好学不倦，读书有不明白处，则问之。诚恳地向其他著名学者请教问题。这其中就有与俞樾并称“浙江三先生”的黄以周、孙诒让两位先生，以及谭献、高学治、宋衡等学者。此外，章太炎还在此结交了一些同学，这些同学有不少后来成为国内知名的学者，如崔适、杨誉龙、夏曾佑等。在此期间他们共同研讨、互相砥砺，很快便从众多学子中脱颖而出，成为众人瞩目的佼佼者。章太炎在诂经精舍一待就是七年，这七年的学习为其厚积薄发、叱咤风云于近现代中国打下了坚实的学术基础。

发奋忘食，乐以忘忧

章太炎因为“苏报案”，关上海西牢。因监狱规定只能看佛学书籍，苦役之余，他便朝夕研诵《瑜珈师地论》。章太炎并非以佛学自遣，而是为了精研佛法哲理为其治学所用。不知不觉，期满出狱，临走时，章太炎还幽默地说道，他现在就要出去了吗？在这里读书也很不错呀。

章太炎读书好“深湛之思”，生活小事很少理会。平时吃饭，从来是只顾吃眼前的饭菜，其余则好像视而不见。家人为其身体，不断调换菜的位置，他也竟不知觉。一次宴请亲朋，即将开宴之际，忽然发现宴会的主角——章太炎不知所在。家人四处寻找，没想到，章太炎正在厕所中独立凝思，居然把家宴的事忘得一干二净。章太炎晚上很晚才就寝，其卧室里，除了床之外，四壁全是书，仿佛置身书海。有次他半夜忽醒，原来是忆及某经某页，即起床立在书架前翻阅起来。由于看书专注，他竟一站到天明。第二日一大早，家人带着满身寒气开门洒扫，这才发现章太炎手持书卷，呆若木鸡，

昔日上海西牢，今称提篮桥监狱。

章太炎在苏州寓居时书房一角。

都没有穿衣服！孔子读《周易》，韦编三绝，章太炎读书，也不知翻坏了多少书。章太炎日常用的一部石印本《十三经注疏》，因为阅读次数太多的缘故，已变成了“活页”。一次，他为学生讲《尚书》，一不小心，书页竟如空中飞舞的蝴蝶，散落一地，引得学生满堂大笑，而他却言谈自若，像什么事都没发生一样。

由于长期埋头学问，章太炎对人间事几乎到了一种“忘我”的程度。他非但不善营生，甚至连自己也料理不了。一次，他由孙中山家返回，车夫问他去哪里。他说：“家里。”车夫问他家在哪里，他一指，在马路上弄堂里，弄口有一家烟纸店的弄堂。结果，车夫拉着他满大街转，最终还是由其家人将他寻回。还有一次，他从上海同福里寓所坐黄包车到三马路旧书店买书。从书店出来后，坐上一辆黄包车，示意车夫向西面走。车夫照他的话，向西走了好长一段路，见章太炎还不动，心存疑虑，问他，先生，你究竟想到什么地方？章太炎却指出：我是章太炎，人称章疯子，上海人个个都知道我的住处，你难道不知道吗？车夫频频摇头……

不只迷路，晚年的章太炎已不知钱为何物。日常无论买什么东西只给五元钱：如买一包香烟，便给仆役五元钱；其儿子要做大衣，他也给五元钱；甚至在苏州建房时，他依然从囊中只取五元用作建设用款。

其实章太炎并不糊涂，而且记忆力好得惊人。王仲荦说，一次，有个建筑学会的人来电话问章太炎：建筑学上有这么个字，应该怎么写，可以用什么字来代替？话音刚落，章太炎连书也没翻就当场讲，在《周礼·考工记》第几页第几行。章太炎在台湾时曾与一位叫李书的记者谈起读书，说他所读之书，百分之九十五至今仍能背诵。李书对此半信半疑，便举出几则自己记得的经书片断来问，结果，不待李说完，章便一字不遗地作了答复，甚至连那几句在书中的具体章节也记得清清楚楚。

以上看来，章太炎所谓“迷路”“不知钱为何物”的原因只有一个，那就是日常只全神贯注于书本，满脑子充满了学问，其他什么已无关紧要了。

面折刘半农

作为语言学家，章太炎曾与刘半农就白话文问题展开一场争论，这就是章太炎面折刘半农的故事。刘半农（1891—1934），原名刘复，是著名文学家、语言学家和教育家，曾任北京大学国文系教授，讲授语音学。1917年，他参加《新青年》编辑工作，积极投身文学革命，反对文言文，提倡白话文，是五四新文化运动的积极倡导者之一。

在白话文运动中刘半农曾发出一种论调说，文言文是死的文字，什么人再写文言文，就是死人；白话文是活的文字，凡是写白话文的，就是活人。并多次著文大骂文言文的弊端。章太炎知道这些后，问他的学生陈存仁，刘半农有什么作品，陈存仁说刘曾在“鸳鸯蝴蝶派”刊物中发表过文章，著作仅有一部《赛金花本事》，而且尚未正式出版，只在报纸上有些零星记载。章太炎找来这些文章看后指出：赛金花说的话，许多都是胡说，全是编造出来的，不能称为第一手资料，不过刘半农他想利用赛金花的名字，来炫耀自己而已。

不久，刘半农来到上海，刘氏此行旨在专程访问若干寓居上海的专写文言文的名士，其最大目的就是造访大师章太炎。访问的内容可谓异常精彩，精彩对话的背后展现的是章太炎在治学方面的深、奇，在为人方面的正、强。下面是章太炎的学生此事的见证者陈存仁的回忆片断。

刘半农问章师对白话文的见解如何？章师指出：白话文不自今日始，我国的《毛诗》就是白话诗。历代以来，有白话性的小说，都是以当时的言语写出来的，写得最好的是《水浒》《老残游记》等，甚至用苏州话写的《海上花列传》。但是你们写的白话文，是根据什么言语做标准？刘半农侃侃而谈，白话文是以国语为标准，国语即是北京话。章师听了哈哈大笑，问刘半农知不知道北京话是什么话？刘半农不加思索指出：这是中国明清以来，京城里人所说的话。

章师就以质问的口吻问刘半农对明朝的话有什么考据？刘半农呆着无词以对。章师就用明朝的音韵，背诵了十几句文天祥的《正气歌》，其发音与北京话完全不同。现在的国语，严格的说来，含有十分之几是满洲人的音韵，好多字音都不是汉人所有。这番话说出，刘半农更呆住了好久，说不出一句话来应付。

如果汉人要用汉音，我也可以背诵一段汉代音韵的文字。说完他就背了两首汉诗，许多字的音韵都与现代不同。他又问他知不知道现在还有人用汉代音韵或唐代音韵来讲话的？

这时，刘半农已听得呆若木鸡，这一问他倒振作起来，现在哪里有人用汉音来说话？他说得好像振振有词的模样。

章师指出：现在的高丽话，主要语是汉音，加上了唐朝的唐音、朝鲜的土话和外来话，即是今日的高丽话。还有日本话，主要的中国字，称为汉字，即是汉音，其余的联缀词，日本各地的土音，又加上了近代各国外来语，就成为现在的日本话。日本人的发音，各处不同，以东京为正宗，汉音也最准。各道各县的发音，连东京人也听不懂，这是你刘半农先生不研究“小学”，不研究“音训”，不曾研究过《说文》，所以你听了我的话，可能会觉得很奇怪。刘半农面有赧色，无词以对。

章师又指出刘半农曾经在北方的报纸上，征求过“国骂”的字句及各地方骂人的话，第二天早上，就有人到其学校的课堂上，讲出许多骂老母的地方话。所以后来就不敢再做这件工作，现在我来骂几句。

接着就说汉代的骂人话，是 ××× 出于何书，唐朝骂人的话，是 ××× 出于何书，直说到上海人、宁波人，以及广东人的三字经，完全骂出来……

兴师动众的国学演讲

章太炎一生多次登台演讲国学，每次演讲可谓兴师动众。其中影响最大的有四次，即日本东京讲学、民国初期北京讲学、1922年上海讲学、晚年苏州讲学。

1906年7月15日，在日留学生七千多人开会欢迎由上海出狱后来到日本的章太炎。由于人多地方小，连屋檐下、窗台上也挤满了人，只为一睹革命伟人、学术超人章太炎的风采。后不久，章太炎应广大留学生的迫切要求在东京聚徒讲学。满腹经纶的章太炎在课

章氏国学讲习会讲堂

堂上庄谐杂出、妙语连珠，深受学生的欢迎。许寿裳回忆在日本听章太炎讲学时的情形，先师讲段氏《说文解字注》、郝氏《尔雅义疏》等，精力过人，逐字讲解，滔滔不绝，或则阐明语原，或则推见本字，或则旁证以各处方言，以故新谊创见，层出不穷。即有时随便谈天，亦复诙谐间作，妙语解颐；自八时至正午，历四小时毫无休息，真所谓“默而识之，学而不厌，诲人不倦”。

同堂听课的周作人回忆道，一间八席的房子，当中放了一张矮桌子；先生坐在一面，学生围着三面听，用的书是《说文解字》，一个字一个字的讲上（下）去，有的沿用旧说，有的发挥新义，干燥的材料却运用说来很有趣味。

顾颉刚在北京听了章太炎的课后说，他从蒙学到大学，一向对老师瞧不上眼，所上的一二百个老师的课，没有一个能完全摄住他的心神，直到听了章太炎的课后，他觉得章氏的话既渊博，又有系统，又有宗旨和批评，他从来没有遇见像章太炎这样的老师，佩服至极。

章太炎名满天下，其登台讲学，声势浩大，前来听讲者甚众。其讲课的开场白更是别出心裁，开口就说：“你们来听我上课是你们的幸运，当然也是我的幸运。”在北京讲学时，可容纳几百人的北京大学第三院风雨操场座无虚席，不能捷足先登的只好站在窗外。只见章太炎由弟子马幼渔、钱玄同、吴检斋等五六人围绕着登上讲台，稍倾，讲课开始。由于章太炎不能说国语，所以其讲课内容常由刘半农翻译，钱玄同写板书，同时马幼渔负责端茶倒水，可谓盛况空前。

精彩的讲演，离不开认真的态度和精心的准备。章太炎居东京讲学时，常无暇具食，每以面包充饥。一日弟子贺伯钟来请教问题，见章太炎的案头尽是发霉的面包，问他，章太炎才想起已数日未进食。章太炎好吸烟，讲课时，常常是一手拿粉笔，一手拿烟卷。由于讲课过于专注，讲到淋漓之处，写板书时，常误拿烟卷在黑板上写字；吸烟时，又将粉笔当烟卷送入口中，引得大家哄堂大笑是常有的事。晚年在苏州讲学时，章太炎身体已日渐衰弱，尤其是在“章氏国学讲习会”成立后，常是带病讲课。由于患鼻疾，常边讲课边以手帕擦鼻，迨至去世前数日，已不能进食，但仍坚持上课。夫人汤国梨劝其进食，他说，他饭可不食，书仍要讲。

知名学者廖季平在读完章太炎《齐物论释》后曾感慨：以吾廖某之力，仅能领略全书内容的十之七八，太炎先生真奇才也！贺伯钟指出：欲读《齐物论释》须先具备三种学问：一、训诂，二、子书，三、印度及西方哲学。章太炎不只著述高深莫测，深奥难懂，其国学讲座对普通人来说也有些太专业，没有一定的旧学基础很难能完全听明白。据载，职业教育社请章太炎讲国学课，社方曾派两个人专门在讲台上做笔记，以便在《申报》上刊登，结果由于他们国学基础太差，刊登出来的讲稿错误百出，只好停止连载。但也有例外者，当时一同听课的还有一位二十来岁的青年后生，其记录的讲稿清晰明了，要点准确无误，结果被邵力子主编的《觉悟》连续刊载。这位青年后生，原来是鼎鼎大名的国学教授单不庵的弟子曹聚仁。

章门弟子，名扬天下

章太炎曾指出：大国手门下，只能出二国手；而二国手门下，却能出大国手。意思是说，大国手的学生往往恪遵师意，不敢独立思考，学术少有发展；二国手的学生，一般能在老师的基础上，敢于独立思考，大胆设想，往往青出于蓝而胜于蓝。故一代大师顾炎武的门下，高者也不过潘耒之辈；而江永的门下，竟出现了一代大师戴震。

章太炎虽声名卓著、名震中外，但他毫无定于一尊之想。黄侃被章太炎誉为章门第一高足。黄虽为章门弟子，但他与老师在古韵分部问题上便有所不同：章太炎的二十三部，主张阴入不分；黄侃的二十八部，则承戴震一派，以入声别列，分承阴阳。但章太炎还是对黄侃在学术上独立发展，自成一家，做出了高度评价。黄侃去世后，章太炎特为黄撰《墓志》，称黄侃尤精治古韵，始从余问，后自为家法。

在章太炎的指导下，其门下人才济济、名人辈出，可谓桃李满天下，春晖遍四方。这份名单里有黄侃、钱玄同、汪东、朱希祖、吴承仕、许寿裳、鲁迅、周作人、沈兼士、马幼渔、曹聚仁、刘文典……章太炎为人戏谑，他曾以太平天国为例，封黄侃为天王，汪东为东王，朱希祖为西王，钱玄同为南王，吴承仕为北王。

黄侃像

汪东像

朱希祖像

钱玄同像

吴承仕像

在民国学术界，“章门弟子”尤为引人瞩目，他们大多在各大学任教，成就斐然，成为各大学的中国文字学教学的源泉。以至于后来有学者回忆：民国初年国内文史界泰斗多出于太炎先生之门；许多教授开口便说“吾师太炎先生”。

章太炎的书名也不小

在杭州章太炎故居内有一排嵌着十余块方砖的墙，此墙称为“习字墙”。据说章太炎儿时每天在此方砖上坚持以清水代墨练字，直至成年。晚年的章太炎还时亦作字，每日辄写三四十篆。章太炎不仅是大革命家、大学者，也是著名书法家。章太炎的篆书最负盛名，沙孟海称其篆书风格“高淳朴茂”“笔法自然近古”，在中国学术史上“独树一帜，自成体系”，是篆学园苑中一朵斗大的鲜花。沙孟海说近三百年来篆书有四大流派，章太炎是“古文字学别派”。章太炎不光自己写得好，还教授弟子书法技艺。其晚年在苏州讲学时的受业弟子姚奠中回忆，他曾向章先生请教书法，章先生指出：习隶书，应先学《石门颂》；学篆书，应先学汉碑头；《郑文公》《石门铭》则是学楷书的先导。这类提示，对我影响很大。

章太炎的书法名扬天下，在当时，能得到他的片纸只字，都视同拱璧。章太炎自己倒没觉得其书法作品如何好，常常因不满意自己的作品而当作废纸随手扔掉。这可给了他的仆役一个赚钱的机会，竟串

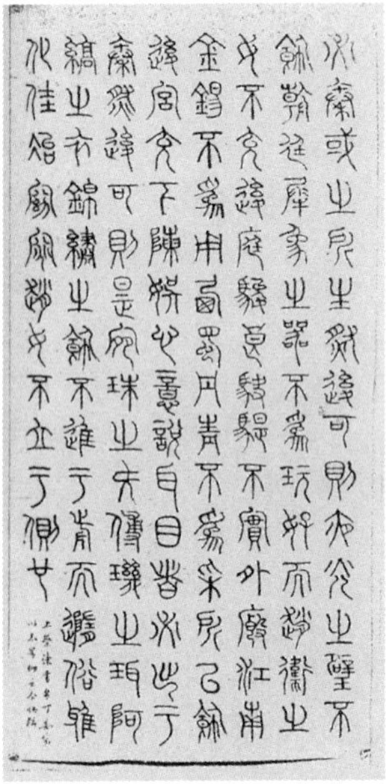

章太炎最擅长的小篆

通一家书画店，专窃这种纸篓里的“废纸”，盖上先生的印章，装裱后卖与他人，得钱后两人共分。一天，革命元老冯自由来求字：一件是孙中山的《中华民国政府成立宣言》，一件是《讨袁世凯檄》。这两件的原稿也是章太炎亲笔手书，冯氏要求他再各写一份，成为“历史文献”。当时冯氏只不过给了润笔费墨银（墨西哥银元的简称）二十元。不料这件事经报纸报道后引起轰动，人们纷纷通过各种关系来求章太炎的这两幅作品，竟有五六十份之多。有的送墨银四十元，有的送墨银二百元，章太炎一时忙得不亦乐乎。章太炎写字全凭个人好恶，朋友来请写字，从不要钱；笺扇庄来写，润笔费一分不能少。有时收了银子后，他又因厌恶某人而食言，常把事情闹得很僵。杜月笙家祠堂落成时，杜遍求墨宝，由章士钊开出名单，第一名便是章太炎，要他写一篇《高桥杜氏祠堂记》。章氏只负责开名单，但声明不负联络之责。这时杜月笙想到了章太炎因《苏报》案被捕入狱时的狱友徐福生，徐福生满怀信心地领命前往，结果无功而返。后杜月笙通过陈存仁（章太炎的弟子）才做通了章太炎的工作，一篇《高桥杜氏祠堂记》不到四十分钟便写成，章士钊看到后赞叹说：“真是传世之作。”杜月笙更是兴高采烈，随后令人送去墨金一包。

绰号“章疯子”

章太炎一生“独立特行”，被人称为“章疯子”。不过章太炎并不介意“章疯子”这个绰号。在《东京留学生欢迎会演说辞》中指出：他年少时，听外祖父说起清初文字狱，便胸中发愤。后读了郑所南、王船山两先生的书后，排满思想，遂酝酿于胸中。自甲午战争后，他每逢对朋友说逐满的话，朋友听了，都吓得直摇头。有人说他疯癫，有人说他叛逆，也有人说他是自取杀身之祸。而他却不以为然，任凭人说他疯癫，还守我疯癫的念头。他认为，大凡非常可怪的议论，不是神经病人，断不能想，就能想也不敢说，说了以后，遇着艰难困苦的时候，不是神经病人，断不能百折不回，孤行己意。所以古来有大学问、成大事业的，必得有神经病才能做到。为这缘故，兄弟承认自己有神经病，也愿诸位同志，人人个个，都有一两分的神经病。近来有人传说，某某是有神经病，某某也是有神经病，兄弟看来，不怕有神经病，只怕富贵利禄当面现前的时候，那神经病立刻好了，这才是要不得呢！演讲将毕，章太炎大声疾呼道：总之，要把我的神经病质，传染诸君，更传染与四万万人！

章太炎每当其革命建议得不到采纳，便逢人开骂。其骂人的文章刻薄，毫不留情。不仅对立派的人被其责骂，有时连革命战友孙中山、黄兴、宋教仁等也难逃其骂。被他骂得多了，人们也就习以为常了，只是以“章疯子”一笑了之。鲁迅回忆此事时指出：其人既是疯子，议论当然是疯话，没有价值的了。云南名士赵藩（人称“病翁”）曾送章太炎七绝诗一首：君是浙西章疯子，我乃滇南赵病翁。君岂真疯我岂病？补天浴日此心同。太炎得诗后甚为得意，晚年逢人便读与人听。

到底是真疯还是假疯，其学生陈存仁先生认为章师天才横溢，不可否认；平日待人接物和蔼可亲，对夫人相敬如宾，更是现代人所想象不到的；不过他壮年时富于革命精神，激烈的言论，被人家当作疯子是可能的，……说他是疯子，实在不是疯，不过有些文人的狂放豪气，这是我对章师多年观察得到的答案，如是而已。刘文典也认为老师章太炎性情刚直，嫉恶如仇，言行均和易近人，章疯子这个绰号，是无聊的小人加到章太炎师头上去的。事实上，章太炎的“疯”是他读书、治学、做事时所表现出的专心、痴迷、疯狂劲儿而已。

梁启超

梁启超（1873—1929）

大师睿语

我是学问趣味方面极多的人，我之所以不能专积有成者在此，然而我的生活内容异常丰富，能够永久保持不厌不倦的精神，亦未始不在此。我每历若干时候，趣味转过新方面，便觉得像换个新生命，如朝旭升天，如新荷出水，我自觉这种生活是极可爱的，极有价值的。我虽不愿你们学我那泛滥无归的短处，但最少也想你们参采我那烂漫向荣的长处。

汝自视乃如常儿乎

清同治十二年（1873），梁启超生于广东省新会县茶坑村一户较为殷实的农民之家。广东是近代中国名人辈出的地方。由新会县渡江而东，不到一百华里的香山县是革命先驱孙中山的故乡；由新会县渡江而北，约一百华里的南海县，是中国近代资产阶级改良派的最著名代表康有为的故乡；由南海县越广州渡珠江而北约五十华里的花县，是太平天国领袖洪秀全的故乡。

新会茶坑梁氏是中国社会不断向南开拓的重要例证，而普通的农耕人家是中国社会南拓的主要成员，梁启超便生于这样一个普通的农耕之家。梁启超之前，梁家鲜有显绩：祖父梁维清，虽“肆志于学”，但最终不过中了个秀才；父亲梁宝瑛也仕途不顺，屡试不第，连个秀才也没考上。这样梁家科举入仕、光宗耀祖的重任便落在梁启超的身上。一日之计在于晨，一年之计在于春，一生之计在于童。在梁启超两三岁时，母亲便开始教他识字；四五岁时祖父梁维清更是亲自操刀，教他读书，这位做过教谕的长者，颇有启蒙方法。他

崖山海战遗址。

在给孙子讲解四书五经的同时，还经常搞一些户外教育，如参观庙宇、凭吊古战场等。

距茶坑村不远的崖山是南宋抗元英雄陆秀夫等人殉国处，祖父对他们的事迹极为景仰，每途经此地，必与儿孙说起这悲壮往事。

此外，在晚清的两广、江浙一带，有关何腾蛟、李定国的抗清故事仍传诵不绝，祖父每与孙儿说起此事时也总是津津乐道、乐此不疲。由此看出，梁启超一生心系国事的爱国情操，与祖父在他儿时进行的爱国教育密不可分。

六岁以后，梁启超便在父亲梁宝瑛开办的私塾中读书。在祖父及父母的悉心指导之下，聪明过人、才思敏捷的梁启超自小便显现出超出常人的文采，乡人都称赞他为“神童”。当地流传的“神童”梁启超的故事便是很好的例证。一次，梁启超与父亲进城，住在李秀才家。第二天一早梁启超在李家后花园玩耍，梁见院中争奇斗艳的杏花，甚是可爱，便顺手摘了几朵。没想到这时父亲与李秀才已进院中，情急之下，梁将杏花藏入袖中。其实父亲已看到了梁的这

梁启超少年读书处（广东新会文昌阁）

一举动，但碍于颜面，他没有当面批评梁启超，而以对对联来惩罚儿子。父亲吟上联道：袖里笼花，小子暗藏春色。梁启超抬头凝思，看到对面厅檐挂着的“挡煞”大镜，下联已出：堂前悬镜，大人明察秋毫。这时旁边众人连声叫好，都觉得梁启超将来必是可造之才。

梁启超虽然天赋超人，但父亲梁宝瑛对爱子依然非常严格。据梁启超回忆，父慈而严，督课之外，使之劳作。言语举动稍不谨，辄呵斥不少假借。常训之曰：“汝自视乃如常儿乎？”至今诵此语不敢忘。“汝自视乃如常儿乎？”既是对梁启超的鼓励又是很好的鞭策，同时也反映了梁家对梁启超寄予的厚望。以此为座右铭的梁启超果然不负众望，6岁甫满，已熟读五经，8岁始学作八股文，9岁时便下笔千言，倚马可待，11岁考中秀才，被誉为“岭南奇才”。

举人拜秀才为师

按当时的制度，考中秀才，也叫“进学”，即取得了进入官立学校继续深造的资格。第二年，梁启超便进入了广州著名的学海堂读书，学海堂是前任两广总督著名学者阮元设立的，是一个专门学习词章训诂的地方。在这里梁启超一学便是4年，先后师从吕拔湖、陈梅坪、石星巢诸儒，自此眼界大开、学业猛进。16岁时，专科生季课大考，梁启超四季皆第一名，成为自有学海堂以来，自文廷式外，卓如（梁启超字卓如）一人而已。1889年，饱读经、史、子、集，颇具训诂词章之学的梁启超，终不负众望，一举中第，榜列第八名举人。面对少年得志、才华横溢的少年举人，主考官李端棻毅然打破门第观念，将待嫁的妹妹许配给梁启超。少年科第，佳人上门，喜讯先后传来，梁家满门沉浸在双喜临门的喜悦之中。在成就面前梁启超并没有自满，因为其远大的志向还远没有实现。正在此时，学海堂的同学陈千秋向他介绍了当代经学大师、改良派领袖康有为。对拜谒康有为，梁启超心中也有一丝顾虑：一是康有为布衣上书，虽大名鼎鼎，但学识到底如何尚不得而知；二是年龄比梁启超大 15 岁的康有为这时也仅是个秀才而已。而事实上两人一见面，梁启超便被康有为渊博的学识、博大的气象所折服，心中的顾虑立马消失得无影无踪。于是当即退出学海堂，拜康有为为师。这是康、梁的第一次会面，也是改变梁启超思想活动的一次重要会面。

多年之后，梁启超回忆，于是乃因通甫修弟子礼，事南海先生。时余以少年科第，且于时流所推重之训诂词章学，颇有所知，辄沾沾自喜。先生乃以大海潮音，作狮子吼，取其所挟持之数百年无用旧学，更端驳诘，悉举而摧陷廓清之。自辰入见，及戌始退。冷水浇背，当头一棒，一旦尽失其故垒，惘惘然不知所从事。且惊且喜，且怨且艾，且疑且惧，与通甫联床，竟夕不能寐。明日再谒，请为学方针。先生乃教以陆、王心学，而并及史学西学之梗概。自是决然舍去旧学，自退出学海堂，而间日请业南海之门。生平知有学自兹始。

随着梁启超、陈千秋等学生的不断加入，康有为于 1891 年租借邱氏书屋作为新讲堂，开馆授徒，这就是中国近代史上鼎鼎大名的万木草堂。在万木草堂的学生中有四个人名气最大，他们是麦儒博，陈千秋、梁启超、曹箸伟，人称“四怪”。梁启超在此更是如鱼得水，自此弃训诂之学，接受康有为的维新变法思想与政治主张，与康一起成为戊戌变法的领军人

康有为像

物，史称“康梁”。梁启超拜康有为为师是发生在1890年的事，而这时的康有为仅是个秀才，直到1893年才中举，比梁启超晚了4年。这便是历史上有名的举人拜秀才为师的故事。梁启超的虚心好学，由此可见一斑。

史载，1895年春天，梁启超与康有为一起进京参加会试，按说以梁启超的才学考个进士，应没什么问题。但最终的结果是，康有为高中进士，梁启超却榜上无名。后来看了梁启勋的《曼殊室戊辰笔记》和胡思敬的《国闻备乘》，才知梁启超落第的真正原因。原来主持这次会试的正总裁徐桐和副总裁启秀、李文田、唐景崇都是对维新恨之入骨的顽固派，他们把凡离开八股程式，超出程朱理学藩篱的对于经义的言论，一概视为“左道旁门”，都属于摈斥之列。他们知道在本次会试的举子中有康有为等人，因此，他们约定，凡牵引古义者，皆不录。结果不幸中枪的却是梁启超。原来当考官看到梁启超的考卷时，见通篇都是恣意发挥的今文经学的“微言大义”，充满了“非常异义可怪之论”。他们以为这考卷的主人非康有为莫属，当即刷了下来，而康有为的考卷却因此侥幸过关。即便如此，阅卷的李文田对这篇气势如虹、熠熠闪光的文章也是颇感惊异，并在文末惋惜地批道：还君明珠双泪垂，恨不相逢未嫁时！

潜心著述，展学者风范

梁启超是戊戌变法的领军人物，同时也是公认的中国近代史上优秀的学者之一，他一生在哲学、文学、史学、经学、法学、伦理学、宗教学等领域，均有建树，是一位百科全书式的人物。自1917年辞去段祺瑞政府财政总长一职后，梁退出政坛，专心著书立说，授业讲学。梁启超曾这样评说自己的文体：平易畅达，时杂以俚语、韵语及外国语法，纵笔所至不检束，学者竞效之，号新文体。老辈则痛恨，诋为野狐。然其文条理明晰，笔锋常带情感，对于读者，别有一种魔力焉。作为影响中国历史进程的人物，他那支健笔一点也不比其政治影响力差。他擅用浅显流畅的文字来阐述重大的时事问题和深刻的道理，以杂以俚语的新文体（报章体），使得国民阅读的程度一日千里。他的著述融会中西、贯通今古、笔锋犀利、气势磅礴，犹如疾风骤雨席卷整个中华大地，其感召力无远弗届，无与伦比。

正如那激情飞扬的《少年中国说》：故今日之责任，不在他人，而全在我少年。少年智则国智，少年富则国富，少年强则国强……少年雄于地球，则国雄于地球。美哉我少年中国，与天不老；壮哉我中国少年，与国无疆！那感人肺腑的语言，透露出的方刚血气不知撼动了多少热血青年！

大儒梁漱溟学生时期便曾寝馈于梁启超的著述之中达三四年，后来他感慨地说，这是比他读5年中学更丰富更切实的教育。那时候的青年学子，对梁任公先生怀着无限的景仰，倒不是因为他是戊戌政变的主角，也不是因为他是云南起义的策划者，实在是因为他的学术文章对于青年确有启迪领导的作用。

梁启超有多产作家之称。他在近36年的时间里创作的各种著述达1400多万字，平均每年写作达39万字之多。夏日里，常见他一边奋笔疾书，一边拿个扇子扇个不停，有时一面在写，一面从容地回答同学的问题。当他写完一张时，敲一下床面，他的助手即会意地将稿件拿到另一个房间去打印，一稿未打印完，第二稿又摆到桌面上了。

1920年，与他一同欧游的蒋百里回国后写了一本《欧洲文艺复兴时代史》，请梁为之作序。梁启超欣然应许，岂料他一发而不可收，洋洋洒洒6万字的长序比蒋百里的正文篇幅还大，蒋只好请梁单独出版，并反之应梁之请为该书作序。该书即为《清代学术概论》，后来，梁启超又将该书扩充为25万字，这就是著名的《中国近三百年学术史》。

人到暮年，梁启超更是精力不减。仅在1920年至1922年间，他就撰成了《清代学术概论》《老子哲学》《墨经校释》《墨子学案》

《先秦政治思想史》《中国历史上民族之研究》《中国历史研究法》等著作，发表佛教、历史等论文多篇，总计字数竟达100余万字。

梁启超虽著作等身，但他治学极其严谨。一日，时任中华书局编辑的左舜生忽收到一封梁启超的快函，左一时摸不着头脑，因为他与梁此前仅有一面之缘，从无书信来往。左打开一看，原来是梁要修改其所写《清代学术概论》一书中有关胡适的一段文字。按梁的要求，新版《清代学术概论》提及胡适者仅有25字，较原版略有精简，即绩溪诸胡之后有胡适者，亦用清儒方法治学，有正统派遗风。左舜生指出：此等处可见任公对于同时代人有所称许，其态度固异常矜慎也。左氏在中华书局任编辑达10年，编辑过的学人书稿不在少数。他说当代学人的书稿，最整洁的有三人，分别是梁任公、马君武、王光祈。书稿的整洁虽是小事，但足可看出梁启超一丝不苟的治学态度。

天才出于勤奋，无论冬夏，梁启超每天五点起床，工作十个小

1919年，欧洲考察团成员合影。（前排左二为蒋百里、左三为梁启超）

梁启超像

时，星期天也有日课（工作计划）。他有句口头禅：万恶懒为首，百行勤为先，以此来勉励学生。为避免人事打扰，梁启超避居西郊的清华学校，他曾订例，对待访客谈话以五分钟为限，以求专心著述。著述之余，他每天还得看完多个日报，以及一册与《新青年》等齐厚的杂志，然后摘录其中的必要材料。另外，每天要看的中文、日文书籍也全不偷懒，以上无论再忙也照样是雷打不动。

壮年时他习惯于夜间写作，有时彻夜不眠。据《双涛阁日记》记载：宣统二年某月某日，夜作《国会期限问题》一篇二千言，十二时成，一时就榻，三时成寐。作《美国东方政略记》二千言，未成。《论锦爱铁路问题》五千余言，《横滨商会会报发刊辞》千言，自向晚至次日朝暾初上时凡成八千余言，固有春蚕食叶之乐，然不规则亦甚矣。昨夕彻夜成《国民筹还国债问题》一篇，凡七千余言，是日午前八时始就榻。

一次，他把写好的手稿交给学生后笑言道，你们玩了两天，我成书一本，现在我要倒头睡觉去了。

晚年更是笔耕不辍，直到临终前的数月，还拼着一口气，欲撰述一部《辛稼轩年谱》。

常年的勤奋努力，使梁启超博闻强记知识渊博，写诗作文更是才思敏捷、思如泉涌。

一次，在为学生谢国桢等讲解西汉贾谊的《治安策》时，他非常从容地一面抽着纸烟，一面走着，边背诵边讲解。谢国桢很是惊讶，梁启超笑着答道，他不能背《治安策》，又怎样能上《万言书》呢？梁熟读中国古典诗词，已到了炉火纯青的地步。一次，他的夫人因病住院，在医院陪护的梁启超在夫人服药熟睡后，一时无事可做，便用宋词名句集成多副对联，其中一副对联是送给徐志摩的，对联如下：

临流可奈清癯，第四桥边，呼棹过环碧；

此意平生飞动，海棠花下，吹笛到天明。

刘海粟读联后，对此大加称赞，他说这副对联太符合徐志摩的为人与写诗风格了。熊佛西说，梁集有这样的对联“三百余副，副副妙绝”。

1943 年的一天，徐志摩请梁启超、胡适、闻一多等吃饭。胡适指出：中国古诗很多，诗人都吃肉，就是没有人写过猪。这个畜牲没有入过诗。话音未落，梁启超答道：不见得，清朝乾隆就写过“夕阳芳草见游猪”的句子。

刘海粟对梁启超的博闻强记佩服得五体投地，他曾好奇地问梁为什么知道的东西那样多？梁却谦虚地说，他这不是什么长处，你不要羡慕。有两句诗：“吾辈病爱博，用是浅且芜。”一个渔人同时撒一百张网，不可能捉到大鱼。治学要深厚。应当尽一切力量办好美专，造成一批人才；此外还要抽出时间集中精力作画。基础好，天分好都不够，还要业精于勤。以上两件事要毕生精力以赴，不能

天津梁启超故居饮冰室

把治学的摊子摆得太大。盖生命有限，知识无穷。才成于专而毁于杂。一事办好，已属难得。力气分散，则势必一事无成。刘听后，对梁的话深有感悟，并以此为座右铭，直到终生。

学者离不开藏书。梁启超一生博览群书，同时也酷爱收藏。在天津的住处饮冰室藏书多达 3470 种，4 万多册。掌管这些藏书的是他的族侄梁廷灿，他是一位目录学家，有“活目录”之称，每当梁启超撰文写稿，需引证资料时，他总是“有求必应”，为这位高产学者提供了强大的资料支撑。

听梁启超讲课

讲坛上的梁启超是魅力四射、光彩照人。梁启超讲课热情洋溢，感情充沛、声情并茂、绘声绘色，有时幽默诙谐中也夹杂一点自负。

梁实秋回忆在清华听梁启超讲课时的情景：在一个风和日丽的下午，高等科楼上大教堂里坐满了听众，随后走进了一位短小精悍秃头顶宽下巴的人物，穿着肥大的长袍，步履稳健，风神潇洒，左右顾盼，光芒四射，这就是梁任公先生。他走上讲台，打开他的讲稿，眼光向下面一扫，然后是他的极简短的开场白，一共只有两句，头一句是：启超没有什么学问。眼睛向上一翻，轻轻点一下头：可是也有一点喽！这样谦逊同时又这样自负的话是很难得听到的。

谈到讲课时的声情并茂，梁实秋记忆犹新。梁启超的广东官话是很标准的，距离普通话甚远，但是他的声音沉着而有力，有时又是洪亮而激亢，所以我们还是能听懂他的每一个字，我们甚至想，如果他说标准普通话其效果可能反要差一些。

梁实秋记得他开头讲一首古诗《箜篌引》：

公无渡河，

公竟渡河！

……

这首诗，经他一朗诵，再经他一解释，活画出一个悲剧，其中有起承转合，有情节，有背景，有人物，有情感。梁实秋在听先生这篇讲演后约二十余年，偶然获得机缘在茅津渡候船渡河。但见黄沙弥漫，黄流滚滚，景象苍茫，不禁哀从衷来，顿时忆起先生讲的这首古诗。

先生博闻强记，在笔写的讲稿之外，随时引证许多作品，大部分他都能背诵。有时候，他背诵到酣畅处，忽然记不起下文，他便用手指敲打他的秃头，敲几下之后，记忆力便又畅通，成本大套地背诵下去了。他敲头的时候，我们屏息以待，他记起来的时候，我们也跟着他欢喜。先生的讲演，到紧张处，便成为表演。他真是手之舞之足之蹈之，有时掩面，有时顿足，有时狂笑，有时太息。听他讲到他最喜爱的《桃花扇》，讲到高皇帝，在九天，不管……那一段，他悲从中来，竟痛哭流涕而不能自已。他掏出手巾拭泪，听讲的人不知有几多也泪下沾巾了！又听他讲杜氏讲到剑外忽传收蓟北，初闻涕泪满衣裳……先生又真是于涕泗交流之中张口大笑了。

这一篇讲演分三次讲完，每次讲过，先生大汗淋漓，状极愉快。听过这讲演的人，除了当时所受的感动之外，不少人从此对于中国文学发生了强烈的爱好。

戏剧教育家、剧作家熊佛西指出：先生讲学的神态有如音乐家演奏，或戏剧家表演，讲到幽怨凄凉处，如泣如诉，他痛哭流涕；讲到激昂慷慨处，他手舞足蹈，怒发冲冠！总之，他能把他整个的灵魂注入他要讲述的题材或人物，使听者忘倦，身入其境。吾友闻一多先生最能模仿先生讲学的神态。

确如熊氏所讲，闻一多回忆自己学生时代听梁启超讲这堂课时说，梁启超先把那首古诗写在黑板上，然后摇头摆脑地朗诵一句："公无渡河。"

接着大声喝彩，叫一声"好！"

然后再重复地念："公无渡河。""好！""公无渡河。""好！""渡河而死；其奈公何！""好，真好，实在是好！"

梁任公这样自我陶醉地一唱三叹，一声高似一声，并无半句解释，朗诵赞叹过后，就高呼思成抹黑板，思成是任公的儿子，也在班上听讲。黑板擦过，这首古诗就算讲完了……

可能是受梁启超的感染，闻一多对学生讲这个掌故时，也是摇头晃脑，声音高昂，直至讲得满脸发红，那股投入劲儿感觉比梁启超还要胜过一筹，当那激情飞扬的表演过后，只见闻一多把声音压低，两手一摊——大师讲学，就是这样！

虽然梁启超讲课感情充沛，但其口才也确有不足，尤其是他那一口地道的新会乡音。据王照说，梁氏初次被光绪皇帝召见，按清朝制度，举人被召见后，即得赐入翰林，最下也不失为内阁中书，但梁氏不会讲官话，其口音难以听懂，如读"孝"字为"好"，读"高"字为"古"，结果光绪帝大为失望，仅赐梁氏六品顶戴，但仍派他在报馆做个主笔，大家都为之惋惜。梁的口音难以听懂，在华北方面尤其明显，如对梁一生崇敬之至的前北京高等师范学校教务主任兼史学教授王桐龄，凡有梁氏的讲演几乎风雨无阻，逢场必到，但总是乘兴而至，怏怏而归。问其原因，总是对讲词的某章节没有听明白。后随着梁启超与外省人士频繁接触，其新会乡音逐渐有所改善，口音对北方人来说也不再那么难懂。曾有一次在开封时，梁应冯玉祥之邀，为西北军训话，竟讲得冯玉祥为之放声大哭，台下也是泣声一片。

梁启超曾在北京师范大学讲授中国文化史，每次授课，教室里都挤得满满的，以致室无空位，而且站着听的也比比皆是。甚至有些学生虽是学自然科学的，也宁可牺牲本门功课来听他讲课。这其中应有很多人是慕名而来的，非真正听课者。一天正值师大与清华篮球赛，有很多旁听人员被吸引到球场。梁启超进教室后看见稀稀落落的仅有三四十人，脸上很不高兴。当他得知很多学生都去看篮球赛了，于是感慨，做学问不如打球好玩，……你们，不，他们不是要跟我做学问，只是要看看梁启超，和动物园的老虎大象一样，有的看一次就够了，有的看两三次就够了。不过我并不失望，不要多，只要好，我在时务学堂，也只有四十来个学生，可是出来了蔡松坡、范源廉、杨树达等，一个顶一个！说完，他依旧起劲地讲了下去。

20 世纪 20 年代的讲台上还发生过这样一个故事，故事的主角之一便是梁启超。1922 年 3 月 4 日，梁启超到北大礼堂作了一次关于《老子》成书年代问题的学术讲演，礼堂座无虚席，连窗台上都挤满了听众。梁启超在演说中认为《老子》一书有战国时期作品之嫌，并幽默地说，他今将《老子》提起诉讼，请各位审判。

不想几天过后，梁启超真的收到一份张煦送来的“判决书”。这是一篇用文艺形式写成的学术论文，文中称梁先生为“原告”，称《老子》为“被告”，自称是“梁任公自身认定的审判官并自兼书记官”，以在座“各位中之一位”的身份“受理”梁先生提出的诉讼，进行“判决”。其“判决”如下：梁任公所提出各节，实不能丝毫证明《老子》一书有战国产品嫌疑，原诉驳回，此判。这位张煦先生就是后来鼎鼎大名的张怡荪教授，当时不过二十来岁，但他对早已名扬天下的大儒梁启超的批评却一点也不客气，说他或则不明旧制，或则不察故书，或则不知训诂，或则不通史例，皆由立言过勇，急切杂抄，以致纰缪横生，势同流产。全文分条析理层层深入，洋洋洒洒竟达数万言。

阅完“判决书”后，梁启超对作者的才华赞叹不已，尽管不同意作者的观点，仍然亲自为该文写下题识：张君寄示此稿，考证精核，极见学者态度。其标题及组织，采用文学的方式，尤有意趣，鄙人对于此案虽未撤回原诉，然深喜《老子》得此辩才无碍之律师也。

梁启超的巧妙答复，大家风范彰显无遗。这一老一少的“对决”也成为学术界纷纷传诵的一段佳话。

同在 1922 年的北大，这年秋天梁启超又应哲学会的邀请为学生作“评胡适之《中国哲学史大纲》”讲演。讲演共分两天，梁显然是做了充分的准备，他的批评条分缕析，直切要害，措辞犀利，一点也不留情面，全场听众无不点头称是。第二天胡适也来到台下听讲演，并在剩余的时间里登场答辩，胡适也是有备而来，在短短的 40 分钟内，字斟句酌地对梁的观点予以一一批驳，使得观众的内心又不约而同倒向胡适。如此别开生面的辩论让在场观众大开眼界，全场观众无不睁大眼睛，竖起耳朵，生怕漏掉那精彩的一幕。关于这段精彩情景，陈雪屏在《用几件具体的事例追怀适之先生》一文中描述道：如果用如醉如狂来形容当时听众的情绪似也不算过分。

一门三院士，九子皆才俊

令人称奇的是梁启超的九个子女也是个个俊秀、人人出彩。在1948年，“中央研究院”评选的第一届院士中，梁家便有两个儿子名列其中，他们分别是长子建筑学家梁思成、次子考古学家梁思永。锦上添花的是，1993年梁启超的五子著名火箭控制系统专家，导弹控制系统研制领域的创始人之一梁思礼又当选中国科学院院士。一门三院士不仅是梁家辉煌灿烂的一页，即使在中国科学史上也是一大奇迹。

梁思成像

梁思永像

梁思礼像

1908 年，双涛园群童合影。

此外，梁启超其余六个子女也各自在不同领域有所建树，成绩斐然。长女思顺，诗词研究专家，编有《艺蘅馆词选》，曾任中央文史馆馆长；三子思忠，西点军校毕业，参与淞沪抗战，后牺牲；次女思庄，著名图书馆学家；四子思达，著名经济学家；三女思懿，曾任中国红十字会对外联络部主任；四女思宁，早年就读南开大学，后在梁思懿影响下参加新四军。

梁家满门俊秀，孩子个个成才，与梁启超对子女的悉心教育和影响密不可分。据载他一生光写给孩子们的家书就达数百封，30 余万字。这些家书内容涉及读书、求学、做人、理财、择业等多方面，其中读书治学方面的论述尤其精到。他长则数千字，短则几百字，却字字珠玑、篇篇动人；他没有任何说教，只有循循善诱，没有任何指责，只有真切建议。如春风拂弱柳，细雨润新苗，透露出梁启超的浓浓爱意。

1913 年 1 月，梁启超得知长女思顺忽夜不成寐，即致信道：功课迫则不妨减少，多停数日亦无伤。要之，吾儿万不可病，汝再病则吾之焦灼不可状矣。

梁启超在写给留美儿子梁思成的信中指出：天下在乱之时……你们现在着急也无益，只有努力把自己学问学够了回来，创造世界才是。后得知思成一度学习上怀疑美国的死板教学法，怕这样不但学不到设计方法反而成了画匠，又致信指出：你觉得自己天才不能负你的理想，又觉得这几年专做呆板工夫，生怕会变成画匠。你有这种感觉，便是你的学问在这时期内将发生进步的特征，我听见倒喜欢极了。孟子说："能与人规矩，不能使人巧。"凡学校所教与所学总不外规矩方面的事，若巧则要离了学校方能发见。规矩不过求巧的一种工具，然而终不能不以此为教，以此为学者，正以能巧之人，习熟规矩后，乃愈益其巧耳。不能巧者，依着规矩可以无大过。……况且凡一位大文学家、大美术家之成就，常常还要许多环境与及附带学问的帮助。中国先辈屡说要"读万卷书，行万里路"将来你学成之后，常常找机会转变自己的环境，扩大自己的眼界和胸怀，到那时候或者天才会爆发出来，今尚非其时也。

1927 年，梁启超听说世界著名探险家瑞典的斯文·赫定准备去新疆考古时，立即致信在美国学考古的梁思永指出：这是千载难逢的机会……跟着欧洲著名学者作一度冒险吃苦的旅行，学得许多科学的研究方法，也是于终身学问有大益的。

梁思庄初到加拿大时学英语有些吃力，其中一次考试成绩在班上仅得第十六名，为此感觉大伤自尊心。梁启超致信鼓励梁思庄：庄庄，成绩如此，我很满足了。因为你原是提高一年，和那按级递升的洋孩子们竞争，能在三十七人中考到第十六，真亏你了。好乖乖，不必着急，只须用相当的努力便好了。

在很长一段时期内，梁启超就是通过书信这种方式与孩子们一起敞开心扉，谈人生、讲学问、论读书的。实践证明这些家书对儿女们的成长与发展起了至关重要的作用。梁思礼曾感慨万分地指出：父亲伟大的人格、博大坦诚的心胸、趣味主义和乐观精神，对新事物的敏感性和严谨的治学态度都是我们取之不尽、用之不竭的精神源泉。他一生写给他的孩子们的信有几百封。这是我们兄弟姐妹的一笔巨大财富，也是社会的一笔巨大财富。梁思成也说，父亲的治学方法对他和思永的影响特别大。

黄侃

黄侃（1886—1935）

大师睿语

读天下书，至死不能遍，择其要而已矣。刘申叔年三十五而学成，亦得择要之法。

凡研究学问，阙助则支离，好奇则失正，所谓扎硬寨、打死仗乃其正途，亦必如此，方有真知灼见。韩非有言："变业无成功"，此可为吾人讲学之鉴。

“乾嘉以来小学的集大成者”

要说起黄侃的学问，的确是厉害。作为小学研究的大家，他在文字学、音韵学、训诂学方面均取得了很深的造诣。他创立了声符假借说，发现了造字时声母数音现象；他论古韵二十八部，定古声纽为十九类，一出而为众家所宗，这一创举犹如汉语音韵史上一座划时代的里程碑；他还创立了训诂学的理论体系，并完成了我国第一部训诂学教材——《训诂学讲词》，开创了训诂学研究的新纪元。

他博通经史，熟读诸子，谙习诗词，许多问题到了他这里大都迎刃而解。即使是一些前人悬而未决的字词和篇章，也都得到了他的正确解释和训释，从而救活了一些有价值的文史资料。例如《奏弹刘整》一文，前半段是当时的讼词，这段历来就没有人能读懂，连李善和五臣的《文选注》都没有解释出，然而才华横溢的黄侃却对此做出了完整、详尽的训释，为读书人扫平了这个多年的学术障碍。学生戴明扬注释《稽康集》时，其中“交赊相倾”一语，不得其解，请教多人，皆无功而返。后他在陆宗达引见下去请教黄侃，黄侃看后，旋即答出，说“交赊”是六朝语，义为“远近”，戴明扬叹服而去。日本汉学家吉川幸次郎在研究《经典释文》中《穀梁传》时，遇有几处疑问，在北京接连请教几位教授，都没有弄清楚。无奈，吉川幸次郎来到南京当面请教黄侃，黄侃听说后，连原书都没看，就回答说：“此宋时校者之词。”吉川幸次郎听后钦佩不已，说自己在中国留学 3 年，似乎第一次遇到了像学者样的学者。后吉川幸次郎一直想拜黄侃为师，结果还没机会说出此事，黄侃即于 1935 年去世，吉川幸次郎为此遗憾不已。

在民国学术界，“章门弟子”尤为引人注目，他们大多在各大学任教，成就斐然。黄侃更是章门弟子中的佼佼者，有章太炎第一高足的美誉。章对黄也很认可，他曾以太平天国为例，封黄侃为天王，汪东为东王，朱希祖为西王，钱玄同为南王，吴承仕为北王。五王中黄侃最得章氏青睐，章称其清通之学、安雅之词，举世罕与其匹……

章太炎在《梦谒母坟图题记》跋语中说，黄侃虽以师礼事余，转相启发者多矣。现有资料证明，章太炎的学术名作《文始》便是在黄侃建议下所作。黄侃不仅建议章太炎作此书，还以该书为基础提出了探求汉字字源更为精密的方法。在 20 世纪初，章太炎与黄侃一起，用敏锐的目光、科学的方法、全新的姿态，批判地继承了自汉、唐至乾、嘉以来的国学成果。由于他们对民族遗产热爱、熟悉，因而能深刻理解、准确诠释这些遗产；又由于他们思想犀利，善于总结，因而又能坚持所是、批判所非，开创新路——前者，就是继承；后者，就是批判和发展。这些成果集前人之大成，在传统文化向新文化的过渡时代起到了承前启后的重要作用。后人把这些称为“章黄之学”，并称他二人为“乾嘉以来小学的集大成者”“传统语言文字学的承前启后人”。

幼承家学，颖悟过人

黄侃的治学成就与家学和师承是分不开的。首先，父亲的言传身教为其打下了坚实的基础。黄侃父亲黄云鹄，字翔云，是晚清著名学者，有多部著作传世。他以二甲进士历官至四川按察使，在任时守法护民，甚有政声，是当时远近闻名的循吏。致仕后又应两湖总督张之洞之邀到湖北，连任江汉、经心及两湖书院山长，为诸生传道、授业、答疑、解惑。黄侃出生于 1886 年，此时其父黄云鹄年已 67 岁，老来得子，使得黄云鹄对小黄侃呵护备至。3 岁即为其发蒙，亲自教授唐诗宋词，4 岁时又延师教读“四书”。黄侃自幼聪明伶俐，颖悟过人。5 岁时他随父游成都武侯祠，看到祠中楹联便一一默记之。归后，父亲问其一二，他居然能随口朗声背诵，令父惊诧不已。10 岁时，黄侃已能畅通经史。一日，黄侃在蕲州一家书店看到一部《资治通鉴》，便全神贯注地阅读起来，并在此一看就是一整天。他的这一举动引起书店老板张仁福的关注。

张老板轻声问小黄侃：“你是不是想买这套书？”

黄侃边看边答道:“想买,可是我没有钱,只好读,刻在脑子里。”

老板倒吸一口凉气:“小小年纪,好大的口气,今天你在这儿看了几本?你要能将今天看到的内容背诵出来,我就把这套书赠送给你!”

“今天读了6本。”黄侃说。

“好,我也不要你6本全背,只要将我随手点到的部分背出即可。”

“当真!”

“一言既出,驷马难追。”

结果,张老板点到哪一段,黄侃就背哪一段,不光滚瓜烂熟,而且毫无差错,惊得老板连称“神童!神童!”随后,将书赠予黄侃。

父亲黄云鹄知道这事后,没有沾沾自喜,反而作书告诫他你负圣童之誉,须时时策励自己,古人爱惜分阴,勿谓年少,转瞬即壮老矣。读经之外,或借诗文以活天趣,亦不可忽。从此,黄云鹄教子更加严格。他特地把从四川带回来的几十箱书存放在一间屋子里,将该屋命名为“归学处”,作为黄侃读书的地方,并圈出《史记》《汉书》等多种书,要求黄侃全书通背。黄侃13岁时,父亲黄云鹄病逝,这时黄家已是大不如前,但要强的母亲依然秉承黄云鹄志愿,继续请人在“归学处”为黄侃授课。母亲恐黄侃吃不了苦,问黄侃:“汝亦知求生之道乎?”黄侃深知母亲的良苦用心,慨然答道:“读书而已。”

也有学者认为黄侃在治学上表现出的那份“癫”“狂”与其父身上的那份“痴”不无关系。其父黄云鹄虽为官一方,也是个好书好诗的痴子。一次出公差路过四川雅安金凤寺,恰巧寺中也有一位

黄云鹄像

能诗善文的和尚，两人志趣相投大有相见恨晚之意，一连数日，吟咏酬唱，好不自在，结果黄云鹄将差事也耽误了。上司为此参了他一本。执笔的幕僚为了图省事，也不讲前因后果，含糊地将事情归纳为“流连金凤”。朝廷见奏折，不知“金凤”是寺名，竟误认为是妓女名。按清朝律令，官员严禁狎妓，黄云鹄差一点因此事遭到严谴。

黄侃与他的两位“疯”老师

1905年，因为张之洞的关系，黄侃东渡日本留学。在这里，黄侃遇到了他人生中一个至关重要的人物——章太炎。章太炎和黄侃的相识，很富有戏剧性，也很奇异。黄侃早年留学日本早稻田大学，当时已经名满天下的章太炎也在日本，巧合的是两人就住在同一楼内，黄侃住在上层，章太炎住在下层。一天晚上，黄侃内急，又不想下楼，便迫不及待地在窗口方便。此时楼下的章太炎夜读正酣，扑面而来的腥臊气使他禁不住怒骂起来。而年轻气盛的黄侃，不但无丝毫歉意，反而与章对骂起来。两个骂坛高手，你来我往，你有来言，我有去语，一时骂得不亦乐乎。有道是不骂不相识，一通报姓名，黄侃得知下面的人竟是自己仰慕已久的国学大师章太炎。于是连忙下楼赔礼道歉，并拜章为师。不过，有人说这只是一种传说，黄侃与章太炎结识还有一种版本，较为可信。

1906年5月章太炎到东京，入同盟会，担任《民报》主编。时中国留学生聚居东京逾万人，国学大师的到来，轰动了整个东京华人界。前来请业的学生更是趋之若鹜，黄侃也是其中之一。一天他来到章太炎的寓所，见壁间大书四语：我若仲尼出东鲁，大禹长西羌；独步天下，谁与为偶。这本是引用东汉戴良的话，黄侃见后，觉得章太炎过于张狂，殊难接近，掉头便回。章太炎主掌的《民报》是同盟会的机关报，为革命派的喉舌。章氏在此期间为《民报》撰写了大量革命文章，他的文章文辞渊雅，言必有据，极具说服力，在留学生中很受欢迎。黄侃也是该报的忠实粉丝，可以说每期必读。通过大量阅读章氏的文章，他对章氏有了更深层的认识，渐渐消除了误解。自此，他也开始为《民报》撰稿。千里马总有遇到伯乐的时候。一天，章太炎看到一篇署名黄侃的文章后，不禁连声叫好，拍手称赞，立即修书约见，许为天下奇才，二人得以相识。从此，黄侃师从章太炎研习小学、经学等，终成一代国学大师。

除章太炎外，黄侃对刘师培之才学也是敬慕已久。在北大教书期间，曾有一事让黄侃对刘师培钦佩不已。通常，黄侃在上课前十分钟，总要先将讲义看一遍。一天，黄侃看到陶渊明的一句诗，但不知典出何处，便去问同是北大教授的刘师培，刘说等思索一下再告诉他。黄侃为节约时间，又去问章太炎，时章太炎正在刷牙，见黄侃匆匆走来，便问何故，黄侃便把陶诗的事说出来，章太炎随即将出处告之黄侃。黄侃回教室时，又绕道刘师培处，刘说他也想起来了，说出来竟与章太炎一模一样。从此，黄侃对刘师培更加敬重了。

1919 年春天，刘师培病情渐重。一天，黄侃去刘师培家，见刘正与一北大学生谈话。奇怪的是刘对学生的提问多所支吾。学生离开后，黄侃问刘原因，刘师培说他不是可教的学生。随后，刘叹息道，他家四世传经，不意及身而折。黄侃问他想收什么样的学生呢？刘抚着黄侃肩膀说，像你这样足矣！黄侃听后，猛然站立，然后恭恭敬敬地说道，只要你不认为我有辱门墙，我就执弟子礼。第二天，黄侃果真用红纸封了十块大洋，来到刘师培家，磕头拜师。刘欣然接受了黄侃的请求，并将其所学悉数传授予黄侃。这就是20世纪初期发生在北大的一段学林佳话——黄侃拜师刘师培的故事。

不过，章太炎知道此事后却不大高兴。他认为黄侃在小学、文辞方面的成就甚至高过刘师培，何必屈尊拜刘为师呢！黄侃却不以为然，《三礼》为刘氏家学，非如此不能继承绝学，此所谓道之所存，师之所存。刘师培去世后，黄对刘依然难以忘怀，每谈及刘必称先师，并将刘师培的墓志铭拓片装裱后挂于书房，称见墓志铭，如见师恩。

从文献阅读的角度说，小学是经学的工具；而从语言学研究的角度讲，经学又是小学的材料。黄侃恰恰做到了两者兼备，在章、刘二师的指点下，他深得两学之精髓。这一得天独厚的条件，使得他在小学、经学的研究中互为印证、相得益彰，终成为一代国学大家。罗常培20世纪40年代就将黄侃与章太炎并称，认为周秦古音之研究导源于宋，昌明于清，至章炳麟、黄侃乃总集前人之大成。黄侃则毫不客气地指出：太炎师的小学胜过我，至于经学，我未必不如太炎师，或者还青出于蓝。

读书最恨人“杀书头”

黄侃要求学生在三十岁之前一定要读完唐以前的典籍，因为唐以前留传下来的典籍为数不多，容易读完，又是非读不可的书。有了这样的功夫，就等于摸清了中国文化的源头。如此往后研究任何门类的中国学问，就都好办多了。传说黄侃有一旅行箱篮，里面装有世间少有的珍本秘籍，无论走到哪都随身携带，他就是凭这些秘籍走遍天下的。其实这是谣传。他常对学生讲，他一生最爱读的书有《十三经注疏》《通典》《通鉴》《说文》《尔雅》《广韵》《经典释文》《大戴礼记》《庄子》《荀子》《文选》《文心雕龙》等二十八部。他说治国学须熟读这二十八部经典图书，否则读书再多，也不能算有学问。

黄侃读书，喜欢随手圈点。陆宗达曾拜黄侃为师。拜见之后，开始黄侃一个字也没有给陆宗达讲，只给他一本没有标点的《说文解字》，说：“点上标点，点完见我。”陆宗达认真地点完后交给老师。黄侃看了看那本已被陆读得卷了边的书说：“再买一本，重新点上。”

于是，陆宗达又将《说文解字》仔细地点了一遍，交给老师。黄侃看着已圈点得不成样子的《说文解字》说：“再去买一本。”三个月后，当陆宗达又一次将已翻得破烂的《说文解字》送给黄侃并已准备再点一本时，这时黄侃说：“已经标点了三次，《说文解字》你已经烂熟在心，这文字之学你已得了大半，不用再点了。以后你做学问也用不着总翻这书了。”黄侃这才为陆宗达讲起学问来。后来，陆宗达终于成为我国现代训诂学界的泰斗。他回忆自己的治学历程时指出：当年翻烂了三本《说文解字》，从此做起学问来，轻松得如庖丁解牛。

黄侃读书也是逢书必点。他圈点时同样非常认真，许多书都不止圈点了一遍。如《汉书》《新唐书》等书曾圈点三遍，《文选》竟圈点了数十遍。即使像《清史稿》这样的大部头书，全书 100 册，700 卷，他也从头到尾，一卷不拉地认真圈点了一遍。他的学生武酉山曾看到过黄侃手批的郝懿行《尔雅义疏》，这是黄侃平生最喜欢的一部书，连上课也带在身边，只见书上篇篇都有黄侃用朱墨两种颜色写的批语。其认为郝氏不对的地方，不惜给他一条“红勒帛”。书是给人读的，尽管在上面批写，不要把它奉为天神似的。一天，吉川幸次郎去拜访黄侃，见他桌上放着孙诒让的铅印本《周礼正义》。虽然该书字体小得难以阅读，但见全书已被黄侃施以朱笔句读，而且在空处画出了许多红色的“○”和“×”。“○”是同意作者孙氏的地方，“×”是不同意的地方。吉川幸次郎自叹这是他第一次看到读书如此精细的学者。学生说黄侃的这种读书方式，不独黄侃从中获益，书本也同时受到黄侃之益。

黄侃读书最恨人“杀书头”，即把一部书，在首册点了几页，

約自牖終无咎象曰樽酒簋貳剛柔際也九五坎不盈祗既平无咎象曰坎不盈中
未大也上六係用徽纆寘于叢棘三歲不得凶象曰上六失道凶三歲也
䷝離利貞亨畜牝牛吉彖曰離麗也日月麗乎天百穀草木麗乎土重明以麗乎
正乃化成天下柔麗乎中正故亨是以畜牝牛吉也象曰明兩作離大人以繼明照
于四方初九履錯然敬之无咎象曰履錯之敬以辟咎也六二黃離元吉象曰黃離
元吉得中道也九三日昃之離不鼓缶而歌則大耋之嗟凶象曰日昃之離何可久
也九四突如其來如焚如死如棄如象曰突如其來如无所容也六五出涕沱若戚
嗟若吉象曰六五之吉離王公也上九王用出征有嘉折首獲匪其醜无咎象曰王
用出征以正邦也
䷞咸亨利貞取女吉彖曰咸感也柔上而剛下二氣感應以相與止而說男下女
是以亨利貞取女吉也天地感而萬物化生聖人感人心而天下和平觀其所感而
天地萬物之情可見矣象曰山上有澤咸君子以虛受人初六咸其拇象曰咸其拇
志在外也六二咸其腓凶居吉象曰雖凶居吉順不害也九三咸其股執其隨往吝

周易　離咸　十九

黄侃手批文稿

便停止了。他指出：这种读书没常性的人，一生都不会读好书，并且还关系到他本人的寿命。一天，他看到他的学生武西山挟着一册榆园丛刻本的《山中白云词》，便打开来看，只见该书自始至尾已被武西山点过，便高兴地对武西山说，你一定可以读书。

一次，黄侃与学生陆宗达闲谈，黄问陆，一个人什么时候最高兴？陆不知道老师此问何意，连说几个，黄侃只是摇头。无奈，陆问老师答案是什么，黄侃说是一本书圈点到最后一卷还剩末一篇儿的时候最高兴！这次谈话让陆宗达终生铭记在心。

最大的家私是书籍

欲成就一番学问，有才识固然很重要，而书籍也是不可或缺的，否则，很可能空有抱负，一事无成。黄侃爱书如命，自谓“书痴”。其一辈子最亲近的就是书，一生最大的家私，便是书籍。章太炎在为他作的墓志铭中说他有余财，必以购书。每月发薪水，黄侃都必先去买书，但一购得好书，便“奉书雀跃”。胡小石评价黄侃则更为露骨、有趣，直接叫他“书淫”（《南史》说刘峻为“书淫”）。黄侃则不以为讽，反喜而记之。黄侃购书，常常是大手笔。一次，黄侃购《四部丛刊》2000余册，耗资430元（他的月薪仅294元）；他还曾一次斥1600元巨资购买《道藏》。每每巨资购书，使得夫人常常为生计发愁，无奈只得暗中向娘家求助。即便如此，黄侃还觉得自己的藏书不够丰富，他在诗中说，他十载仅收三万卷，何年方免借书痴?

一次，黄侃跟学生聊他买书的趣事。黄讲到他的太太对他整天拼命买书，也是颇有微词，说他有时把书款汇到外埠后，便天天盼

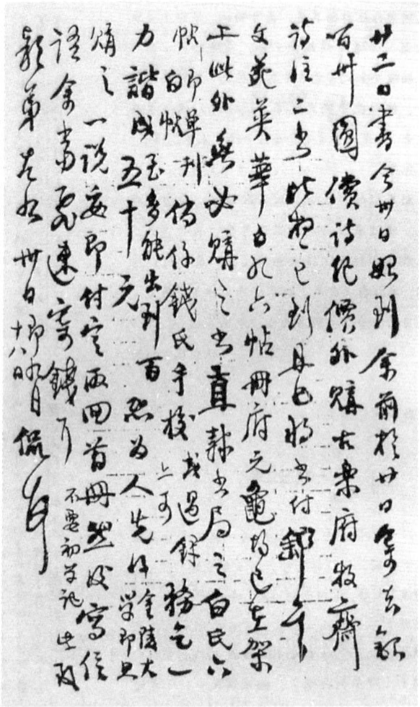

黄侃购书的书信

望包裹，等书真的寄来了，开包匆匆看过一遍后，便把书往书架上一放，甚至从此便不再翻阅，这实在是太浪费了。黄侃却指出：要知我买书的快乐，便在打开包一阅之时，比方我俩结婚吧，不也就在新婚燕尔之时最乐吗？话音刚落，全班学生禁不住哄堂大笑起来。

关于黄侃的藏书，汪辟疆在日记中这样指出：季刚近月购书颇多，经史要籍大略咸备。唐以前类书及丛书较多，至集部则选择颇严。然乾嘉老辈有关于考订及明清掌故者，则在兼收并蓄之列。故邺架所陈，不待展诵，略识标目，即已令人神往矣。

日积月累地购书，使黄侃的藏书越来越多，有时地板上几案上也一堆一堆地放着。他的一部木版《皇清经解》便堆在客厅中的地板上。由于藏书太多，存放和搬家成了令人头疼的事情。有一次，广州中山大学想聘请黄侃去任教，他考虑再三，最终没有成行，别人问其原因，黄侃遗憾地答道，去广州教书，固然很好，可是我的藏书太多，实在难以与我同行，所以就不去了。

黄侃在南京的住所“量守庐”为三层小楼，其中第三层为藏书室，其一生所购之书，全装在此，约达三万卷之多。黄侃就是在这样的

量守庐故居

环境中，鸡鸣上楼，暮乃下楼，从事他的研究。

然而，这些历尽千辛万苦收藏的书籍最终还是难逃厄运。“一·二八”事变的时候，黄侃举家搬迁，仓促中他用八台卡车把书运到采石矶暂存，不料被窃贼盗出，居然成筐论斤地当作废纸卖了，而量守庐也在抗战期间毁于战火。

“三不到”教授

黄侃一生曾在北京大学、武昌师范大学、东北大学、金陵大学等多所大学任教，作为大学教授其教学也是别具一格，独具味道。

黄侃在民大授课时，每次到课堂后，总是先抽烟喝茶。烟是自带的，茶是学校准备的。只不过学校为老师在课堂备茶，仅限于黄侃一人。讲课前，黄侃常常一边抽烟喝茶，一边与学生漫谈些什么。内容多是些学术问题，或是对某学者的点评，气氛相当融洽。黄侃曾谈到新式标点问题。他说采用新标点未尝不可，但要标点正确，对于古典文学，尤其如此。黄侃把“？”诙谐地叫作“耳朵”。当时有人把“流水落花春去也天上人间”这句词，标点成：“流水落花春去也，天上人间！”这就错了，应该是天上耳朵，人间耳朵。于是，全堂为之哄然大笑。黄侃每次漫谈的时间，约半小时，时间一到，他便正襟危坐，口若悬河地讲起课来。由于其读书精博，讲起课来常常是言必雅训、事必征实、引经据典、出口成章，使听者忘倦。学生说，如果按照黄侃所讲授的内容一字不漏地记录下来，就是一篇很好的文章。

黄侃晚年讲课常兴之所至，随意发挥，但学生仍然听得津津有味，感觉受益匪浅。

周作人曾指出：要讲北大名人的故事，黄侃是断不可缺少的一个人。在北大课堂上，黄侃讲到一个要紧的地方，有时突然停下，这里有个秘密，专靠北大这几百块钱的薪水，我还不能讲，你们要叫我讲，得另外请我吃饭。这则故事虽然有些夸张，却颇能反映黄侃的豁达性格。

黄侃上课有“三不到”：刮风不到，下雨不到，不高兴不到。刮风下雨，学生一看便知，只是“不高兴”实在令人难以捉摸。一天上课铃响后，全班同学静候多时，仍不见黄侃的踪影。教务人员连忙去教员休息室提醒黄侃上课时间到了，只见黄侃跷着二郎腿坐在沙发上冷冷地说：“时间到了，钱还没有到呢。”原来是学校没有及时给老师发薪水，黄侃正生气呢。

黄侃认为要求得真学问，必须要拜师，而且还要磕头，所以他要求拜他为师的人都要磕头，磕过头才算正式进入师门。他解释要弟子磕头的原因，我和刘申叔，本在师友之间，若和太炎师在一起，三人无所不谈。但一谈到经学，有我在，申叔便不开口。他和太炎师能谈经学，为什么不愿和我谈呢？我猜想到了，他要我拜他为师，才肯传授经学给我。因此，在某次只有申叔师和我的时候，我便拿了拜师贽敬，向他磕头拜师。这样一来，他便把他的经学一一传授给我。……我的学问是磕头得来的，所以我收弟子，一定要他们一一行拜师礼节。1932 年，黄侃来北京，杨树达欲叫侄子杨伯峻拜黄侃为师，但杨伯峻不愿意磕头。杨树达指出：季刚学问好得很，不磕头，得不了真本领。你非磕头不行！出于无奈，杨伯峻只好用红纸封了十块大洋，来到黄侃家，杨首先对黄侃说明拜师的诚意，然后把红纸封套取出放于桌上，接着跪下去磕了一个头。黄侃说："从这时起，你是我的门生了。"结果，杨伯峻后来成了中国现代著名语言学家。

黄侃教学不拘一格，教学研究之余，最爱与学生一起游山玩水。经常陪他游玩的学生有孙世扬、曾缄等，人们戏称他们为"黄门侍郎"。黄侃常常利用郊游吃饭喝酒的机会，海阔天空，畅谈学问，于闲谈中给学生莫大启发。孙世扬回忆，先生好游，而颇难其侣，唯扬及慎言无役不与，游踪殆遍郊圻，宴谈常至深夜。先生文思骏发，所至必有题咏，间令和作，亦乐为点窜焉。学生中陆宗达能喝酒能抽烟，深得黄侃喜爱，他常和老师黄侃一边吃一边论学，有时一顿饭要吃四五个小时，陆从中受益不少。这让很多酒量小的学生羡慕不已。

五十之前不著书

20 世纪 80 年代时，黄侃的学术思想和学术成就，还常常不易被现代人准确理解，甚至连好多年轻的语文工作者也把握不准。陆宗达认为，这与他从事几十年的语言文字学的教学工作，却很少有成形的著作这一点是有关系的。黄侃曾说初学之病有四：一曰急于求解，一曰急于著书，一曰不能阙疑，一曰不能服善。其一生竭力反对空泛之作和妄说之辞，故黄侃常言五十之前不著书。黄侃不仅自己不急于著书，还常劝学生们要打好基本功，一不骛外，二要习惯耐于久坐，下苦功夫。殷孟伦回忆，先生并告诫我不要轻易在报刊上发表文字，一则学力不充分，一则意见不成熟，徒然灾梨祸枣，遗人笑柄，于己无益，于世有损。

黄侃五十岁前的“述而不作”，也正是其治学严谨的高度体现。

事情往往不能尽随人意。1935 年，黄侃五十大寿，章太炎十分高兴地赠他一副贺联：韦编三绝今知命，黄绢初裁好著书。上联以孔子读《易》，韦编三绝的典故，来称赞黄侃五十年来的勤奋好学；

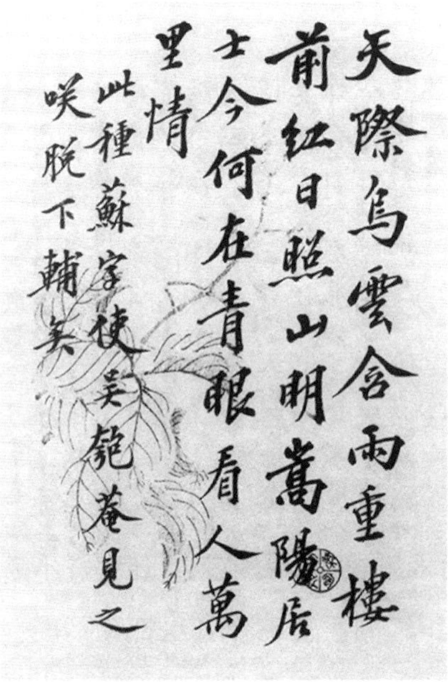

黄侃手迹

下联用黄绢幼妇，外孙齑臼的典故，来喻指黄侃五十已过，今后可以潜心著述了。黄侃见联却大为恐惧，因为联中嵌有“黄”“绝”“命”三字，以为不祥。同年 10 月 8 日，黄侃因饮酒过量，吐血而死。章太炎因联句竟成谶语，悔痛不已。在黄侃即将进入他自己规定的可以著书的年纪，章太炎也鼓励他应该动笔的时候，黄侃却倏然而逝，使得他一生任何著作也没能留下。黄侃去世后，《文艺丛刊》想出版他的专著，可是问遍他的家人也没有找到，只好把他的讲义刊印了几部。1949 年以后出版的一些黄侃的著作也多是根据他的讲义整理而成，这不能不说是学术界的一大遗憾。

病重时的黄侃仍是读书不休，时阅《唐文粹续编》，尚余一卷未读，他吐着血说，他平生笑人杀书头，毋令人笑我也。于是一面吐着血，一面将此书圈点完。他的学生尚笏、陆恩涌在《季刚师得病始末》一文中曾记载黄侃临终时的情形：八日晨，医注射安眠止血药剂，乃稍稍入睡，昏卧喃喃若梦呓，多涉学术语。

钱玄同

钱玄同（1887—1939）

大师睿语

用了历史的眼光去看古书，则对于制度的由来，文化的迁变，方能弄得明白。把这些弄明白了，可以得到两个好的结果：一是知道现在不适用的，在过去的某时代或者是很需要的，这样，便能够还它在历史上的价值，不至厚诬古人；一是知道在前代很有价值的，到了现在，时移世易，早已成为僵石了，无论它在历史上有过怎样的大功效，今天总是万万不可再请它来“复辟”的，这便不至陷害今人。

讲到某人研究什么学问，我是主张完全要用自己的兴趣来决定，万不可由别人用了功利主义做标准来“指派”。

《狂人日记》的催生者

时光如白驹过隙，转眼中华民国成立已 5 年有余，北京城内的绍兴会馆依然如故，只有院子里的那棵大槐树已高不可攀。据说这棵槐树曾缢死过一个女人，暮色里看上去更加阴森。这时屋内的主人依旧认真地抄着古碑。这主人不是别人，正是鲁迅。辛亥革命后，在蔡元培的举荐下，鲁迅被任命为教育部佥事，住在绍兴会馆。为避免袁世凯特务的注意，通常鲁迅白天在教育部上班，晚上便回到会馆抄古碑。许多年，他便寓在这屋里抄古碑。客中少有人来，古碑中也遇不到什么问题和主义，而他的生命却居然暗暗的消去了，这也就是他唯一的愿望。

就在鲁迅无奈抄着古碑的时候，国内局势却是风云变幻、跌宕起伏，越来越让人捉摸不透。鲁迅后来见过辛亥革命，见过二次革命，见过袁世凯称帝，张勋复辟，看来看去，就看得怀疑起来，于是失望，颓唐得很了。以上看出，当时的鲁迅正处于报国无门、救民无术的苦闷境地。

1917年8月的一个夜晚，屋外突然传来了狗叫声，紧接着又传来了一个带着浙江口音的声音：“树人，快开门。”鲁迅一听是老同学钱玄同，赶紧走出来打开门。钱玄同进屋后，将手提的大皮夹放在桌子上，脱下长衫与鲁迅对面而坐，由于生性怕狗，这时的心房似乎还在怦怦直跳。

他看到桌子上鲁迅抄的一沓沓古碑，说：“你抄了这些有什么用？”

鲁迅说：“没有什么用。”

钱玄同不解地问：“那么，你抄他是什么意思呢？”

鲁迅说：“没有什么意思。”

这时钱玄同话锋一转，说：“我想，你可以做点文章……”

鲁迅想了想指出：假如一间铁屋子，是绝无窗户而万难破毁的，里面有许多熟睡的人们，不久都要闷死了，然而是从昏睡入死灭，并不感到就死的悲哀。现在你大嚷起来，惊起了较为清醒的几个人，使这不幸的少数者来受无可挽救的临终的苦楚，你倒以为对得起他们么？

钱玄同却认为，然而几个人既然起来，你不能说决没有毁坏这铁屋的希望。

钱玄同的话字字珠玑，直切要害，彻底打消了鲁迅的顾虑。不久，鲁迅的第一部小说《狂人日记》在《新青年》发表。《狂人日记》是鲁迅创作的第一部白话小说，也是中国现代文学史上第一部白话小说，是鲁迅站在反帝反封建的前列，积极提倡新文化、新思想、新道德，猛烈抨击几千年来的旧文化、旧思想、旧道德的第一声呐喊。自此，鲁迅一发而不可收，论文、随感、诗，接连不断，给旧文化以沉重打击，成为新文化运动的健将。

实事求是地讲，新文化运动中鲁迅的加盟助阵，钱玄同功不可没。

作为新文化运动最早的响应者之一，钱玄同非常注重理论宣传，为吸引更多社会名家为《新青年》撰稿，提高《新青年》在社会上的影响，于是就有了鼓动鲁迅“参战”的一幕。正如钱玄同在《我对于周豫才君之追忆与略评》中所载，六年（1917）蔡元培先生任北京大学校长，大事革新，聘陈仲甫君为文科学长，胡适之君及刘半农君为教授，陈、胡、刘诸君正努力于新文化运动，主张文学革命，启明亦同时被聘为北大教授。我因为我的理智告诉我，旧文化之不合理者应该打倒，文章应该用白话做，所以我是十分赞同仲甫所办的《新青年》杂志，愿意给它当一名摇旗呐喊的小卒。我认为周氏兄弟的思想，是国内数一数二的，所以竭力怂恿他们给《新青年》写文章。七年一月起，就有启明的文章……但豫才则尚无文章送来，我常常到绍兴会馆去催促，于是他的《狂人日记》小说居然作成而登在第四卷第五号里了。自此以后，豫才便常有文章送来，有论文、随感录、诗、译稿等。

钱玄同的复古情怀

1906年9月，20岁的钱玄同赴日本东京留学，入早稻田大学师范科。这时，章太炎也来到东京。章太炎的到来，吸引了大批中国留学生前来请教。于是章太炎一边办《民报》，一边开办“国学讲习会”，前来听课的就有龚未生、钱玄同、朱逖先、朱蓬仙、周作人、周树人、许寿裳等人，讲课内容有《说文解字》《庄子》等。许寿裳回忆章太炎讲课时的情形，章先生精力过人，博极群书，思想高超，而又诲人不倦。……师生席地环一小几而围坐，师依据段玉裁氏《说文注》，引证渊博，新谊甚富，间杂诙谐，令人无倦，亘四小时而无休息。我们听讲虽不满一年，而受益则甚大。在众多章门弟子中，以钱玄同、黄侃、汪东、吴承仕、朱希祖五个人，最为章太炎称许，有章门“五王”之称，其中南王便是钱玄同。钱玄同还曾被章太炎戏封为翼王，据说是因为他曾反对过古文与汉字，“造过反”的缘故。

听课时，属钱玄同对章太炎的发问和辩论最多。每当章太炎闲谈时，他便打开了“话匣子”（这是后来朋友们送给他的一个外号，说他讲话多而急的样子），说起话来指手画脚，仿佛是在座席上乱爬，于是鲁迅、许寿裳等又送他一个“爬来爬去”的雅号。有时他与章太炎谈性正浓时，即使大家散了，他也不走，晚上便留宿于《民报》社。

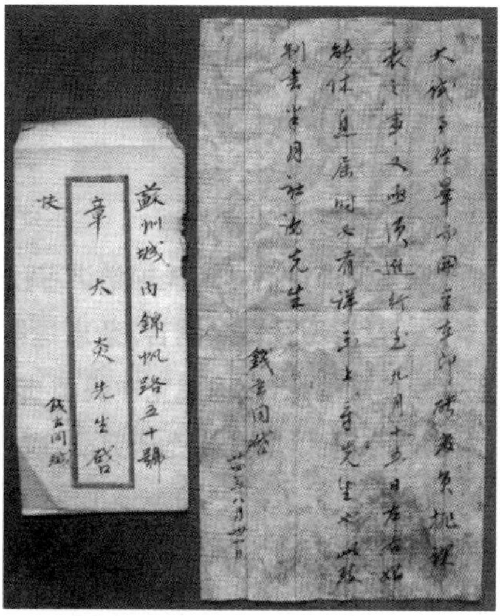

钱玄同致章太炎信

那么，是什么问题让他俩如此关注，兴奋得难舍难分呢！说来是很可笑的，无非是讨论怎样复古罢了。因为当时民族主义革命思想的主张是光复旧物，多少是复古思想，《国粹学报》是如此，后来《民报》也沿着这条路发展。作为古文经学大师，又是国粹派代表人物的章太炎，自然也是崇古尊汉的旗帜性人物。而自幼受旧学熏陶的钱玄同对章太炎佩服得五体投地，凡是章氏的思想学行均“极端地崇拜”，对于章氏的议论、主张也都认为是“天经地义”，“绝对之是，而不容他人之匡正”。二人对于复古更是一拍即合，钱玄同认为，保存国粹的目的，不但要光复旧物，光复之功告成以后，当将清朝底政制仪文一一推翻而复于古。不仅复于明，且将复于汉唐，不仅复于汉唐，且将复于三代。由此可见，其复古思想比他的老师章太炎还要顽固得多。有时他那种复古之情一上来，连章太炎也自叹不如。

章太炎平时写信作文有个习惯，喜欢在文中用上几个古体篆字，借以抒发其崇古的情怀。钱玄同看到后，觉得老师的文章中时而楷书，时而篆书，不够规范统一。于是利用所学将文稿中的楷字全部改为古体篆字，这还不算，他还常拿去对老师说这个字用得不妥，应该这般写；那个字写得不当，应该那样写。其实章太炎也不过偶尔写几个古字，但看他一本正经的样子，起初还辩解一下，后来不知是被钱玄同的执着劲儿所打动，还是有些不耐烦，每当看到手里攥着稿子的钱玄同来访，不等听到钱的解释，便主动投降，承认写字非用篆字不可，并连忙说："就按照你的意思去办！"

钱玄同的复古经验并不限于文字，对于古代衣冠亦有研究与实践。辛亥革命后，他觉得清室已被推翻，今后就可以恢复汉族的一切典章文化了，这衣冠制度的回归，更是当务之急。于是他依照《礼记》《书仪》《家礼》上的记载，和前人考证深衣之说，撰写了部《深衣冠服说》，大谈其优点，同时做了一套这样的礼服。据说钱玄同在杭州教育司当科员时，还真曾头戴玄冠，穿上深衣，系上大带办过公，结果却换来众人的一阵哄笑。当时正值盛夏季节，穿上这种不透气的白布长袍，其滋味可想而知，最终，自感无趣的钱玄同没坚持几天便放弃了这荒唐的尝试。后来周作人曾在历史博物馆看到过类似深衣的样本，也感觉这深衣虽然古，却实在不好看，因为它完全是一件斜领孝袍，便是乡下叫作"大蓬"，是穿重丧的人所着，不过它是缝边而不是所谓"斩衰"就是了。

众人的讥笑，无疑是对钱玄同这种反历史潮流行为的尖锐批评。其实，在民国初年像钱玄同这种有复古倾向的人不在少数。任何事物都是有两面性的，在复古道路上走得越深越彻底，也就越能看透旧文化的缺陷，明白这条路只是死路一条，所以弄到底只好拐弯。随着民初封建复古势力的倒行逆施，尤其是民国四年（1915）洪宪帝制和民国六年（1917）张勋复辟，尤如一声声惊雷使钱玄同从睡梦中彻底警醒过来，让他从此告别了崇古尊汉的青涩岁月，与陈独秀、胡适等一起，投入到了轰轰烈烈的新文化运动中去。

新文化运动的急先锋

1917年，胡适、陈独秀吹响了文学革命的号角后，钱玄同是最早的响应者之一，同时他提出了许多打击敌人的响亮口号，如“选学妖孽、桐城谬种”的提出，第一次把八股文和桐城派古文定为文学革命的首要否定目标，明确了新文学革命的对象。鲁迅对这个口号便极为称许，五四时代的所谓“桐城谬种”和“选学妖孽”，是指做“载飞载鸣”的文章和抱住《文选》寻字汇的人们的。而某一种人确也是这一流，形容惬当，所以这名目的流传也较为永久。确切地说，这个口号目的明确，正中敌人要害，后来多次撰文来攻击新文化运动的林纾，便出自桐城派；而一向反对文学革命的“国故派”也皆选派作家。

另如他提倡“汉字革命”，开启了文字改革运动的先河。他在一篇《论应用之文亟宜改良》的《写作大纲》中提出改革大纲十三事，如用“国语”作文；规定语法之词序；小学课本、新闻纸旁注注音字母；文章加标点符号；用阿拉伯码号和算式书写数目字；用公元纪事；书写方式改右行直下为左行横迤等，都是有关文化教育方面重大改革的首创。不光这样说，他还建议以《新青年》杂志作为白话文的试验场，进行实地研究“尝试”。在他的宣传鼓动下，《新青年》自 1918 年四卷一号起，刊出的文章均改为白话文，并使用了新式标点符号，虽然面世时，很多人“一见就哈哈大笑”，但作为中国直行汉字而用新式标点符号排印的第一本书，的确对汉字革命起到了重要的引领作用。

新文化运动时期的钱玄同

与刘半农演“双簧”

新文学的发轫，最迫切需要的是反响，特别是来自反方的声响。但从他们打起了“文学革命”的大旗以来，始终不曾遇到过一个有力的敌人们。他们目桐城为谬种，选学为妖孽。而所谓桐城、选学却始终置之不理。因之，有许多见解他们便不能发挥尽致。旧文人们的反抗言论既然竟是寂寂无闻，他们便好像是尽在空中挥拳，不能不有寂寞之感。又如鲁迅所说他们正办《新青年》，然而那时仿佛不特没有人来赞同，并且也还没有人来反对……

为打破这沉寂的空气，钱玄同与刘半农决定合伙预演一场理论对攻战。一个扮作新文化拥护者；一个扮演顽固的复古分子，封建文化的卫道士，从正反两个阵营出发亮出各自的观点，展开论战，以引起全社会的关注。1918 年 3 月，钱玄同化名王敬轩在《新青年》四卷三号上发表了《文学革命之反响》一文，文章洋洋洒洒数千言，罗织新文化运动的种种罪状，攻击主张新文化运动的人得鱼忘筌，数典忘祖。而早有准备的刘半农也在同期《新青年》上发表了洋洋万余言的《复王敬轩书》，该文针对王敬轩的观点，一针见血，毫不留情地予以一一驳斥，语语击中要害，将自投罗网的王敬轩批得体无完肤。这就是轰动一时的“双簧信”，成为新文学史上的一段佳话。

五四时期的刘半农与钱玄同

这一仗果真打得干净漂亮，很快引起了各方的重视，扩大了新文化运动的影响。鲁迅说由钱玄同、刘半农自编自演的“双簧信”是一场大仗。他在《忆刘半农君》一文中指出：现在看起来，自然是琐屑得很，但那是十多年前，单是提倡新式标点，就会有一大群人若丧考妣，恨不得食肉寝皮的时候，所以的确是“大仗”。

由于化名王敬轩的钱玄同，本身就是旧学大师，其模仿的守旧派无论是手法上还是观点上都足以乱真，未露丝毫破绽。因此，他很快便赢得守旧派的同情和信任。未过多久，新文化运动反对派的重量级人物便气势汹汹地粉墨登场了。钱、刘的“双簧信”上演后不久，按捺不住的桐城派古文大将林琴南，也是封建顽固势力的重要代表之一，便在上海《新申报》的“蠡叟丛谈”发表一篇文言小说《荆生》。文中以皖人田其美影射陈独秀，以狄莫影射胡适，以浙江人金心异影射钱玄同，借小说幻想中的英雄“荆生”来攻击诋毁田、狄、金三人，以此来维护旧礼教，发泄心中的积怨。全文充满了漫骂、人身攻击之词，如说金心异“姓金者性亦嗜金”，其主张也是“伤天害理之言”，是“禽兽之言，乱吾清听”。对钱玄同的近视也是极尽丑化，说他短视，丈夫取其眼镜掷之，则怕死如猬，泥首不已。尔之发狂似李贽，直人间之怪物。以上充分暴露出守旧派在穷途末路上的挣扎与绝望，其实也不过是不甘心失败的哀鸣而已。历史总是向前发展的，这些腐朽的旧文化在势不可挡的新文化浪潮的冲击下，最终一个个不情愿地土崩瓦解。

在这场战斗中，鲁迅始终与《新青年》站在一起，其中对“金心异”也表示了极大支持，在当时的文章或书信中鲁迅直接称钱玄同为“心异兄”“心翁”，以此来表示对林琴南的蔑视。

循循善诱，金针度人

钱玄同不仅是新文化运动的领军人物，还是知名教授。他先后在北京大学、北京师范大学、燕京大学等任教，一生桃李满天下。作为国学大师章太炎的高足，钱玄同对古文经学有着很深的造诣，同时他又得今文经学大师崔适的真传，因此满腹经纶的钱玄同在课堂上常常是引经据典、旁征博引、口吐莲花、妙语连珠，深受学生们欢迎。1933 年，北京师范大学为表彰钱玄同在教学上的贡献，特赠其刻有“诲人不倦”四个字的银盾一座。

他的学生徐铸成说钱先生上课从不带一本书一张纸，只带一支粉笔，而讲每一个字的起源，从甲骨、钟鼎、大小篆、隶，源源本本，手写口谈，把演变的经过，旁及各家学说，讲得清清楚楚，使这样一门本来很沉闷的功课，讲得非常生动。

其弟子张中行回忆，钱先生讲课“口才好”，他用普通话讲，深入浅出，条理清晰，如果化声音为文字，一堂课就成为一篇精炼的讲稿。记得上学时期曾以口才为标准排名次，是胡适第一，钱先

北师大颁给钱玄同的“诲人不倦”银盾

生第二，钱穆第三。钱先生讲起来真是滔滔不绝，那情形与鲁迅在《呐喊》序言中提到的那个鼓励他写稿的“金心异”的音容笑貌是绝等的相似。1932 年，章太炎应邀到北大、北师大作讲演，由于听讲的多为北方学生，听不明白章太炎的浙江方言，于是便由陪同的钱玄同用国语重译，结果这场由师徒二人联合打造的国学盛宴，引得大批专家学者及学生前来听讲，一时成为学界佳话。

钱玄同讲课不仅口才好，而且诙谐幽默，娓娓动听，有幽默教授之称。一次他在北师大中文系讲授传统音韵学，说到“开口音”与“闭口音”的区别，学生感觉还是不太明了，就请他举例说明。结果钱玄同居然娓娓道来一个幽默故事。说北京有一位京韵大鼓女艺人，身材姣好、笑靥如花，尤其是一口洁白整齐的牙齿，惹人注目。不料女艺人因一次事故，磕掉了两颗门牙，这使得她在应邀赴宴时，坐在宾客中极不自在，于是便尽量避免开口，不得不说时，她一概用“闭口音”，避免“开口音”，以此法来遮丑。如这样的话：“贵姓？”“姓伍。”“多大年纪？”“十五。”“家住哪里？”“保安府。”“干什么工作？”“唱大鼓。”以上的答话，全采用“闭口音”，以避免露齿。不久，这位女艺人牙齿修配好了，再与人交谈时，一身轻松的她又全部改用“开口音”，于是对答又改成了：“贵姓？”“姓李。”“多大年纪？”“十七。”“家住哪里？”“城西。”“干什么工作？”“唱戏。”学生听了都大笑不止。

学生心目中的钱玄同就是一个循循善诱的师长，他虽是旧学大师，但对学生从不端师道的架子，总是春意融融，诲人不倦。章太炎到北京作讲演期间，钱玄同指着他的学生魏建功介绍说，这是魏某某，北京大学的同事，而不说是小门生。他对人的称呼，凡是大学里的学生，他一概称“先生”；等相处熟，才改称“兄”。他从不遏抑学生们的玄想，使学生囿于自己的小学术圈子里，总是循循善诱地点拨，鼓励着每一个学生。魏建功深有体会地回忆，当我注意某些问题，提向先生请益，往往接着的回答都是：这问题呀，我曾经注意过。这样以后，他叙述了自己的一段意见。我有时把不同的意见说出，先生多半说明他不以为然的理由，之后又完全站在我的观点上替我解释，替我想证据，如此成就了我若干学说的取舍信念。

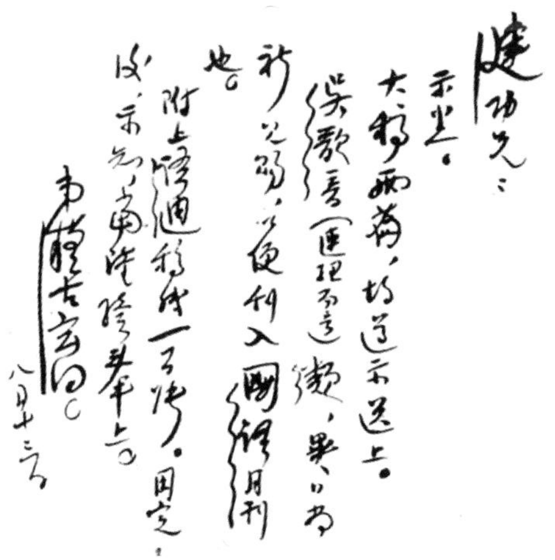

钱玄同致魏建功书信。

这样，学问的进展，师徒相承正似许多圈链上下相连着，可以延引至于无穷。

虽说钱玄同学问高名气大，但说到治学求知，则是虚怀若谷，心胸宽广，即使对于学生，也常常不耻下问，展现了一个大学者的治学风范。

钱玄同在北大曾讲授过广东音韵课，有一天课后，他收到了一个广东籍学生李锡予的信，信中对他的讲授内容提出了不同意见。钱仔细阅读信后，觉得学生讲得很有道理。于是钱玄同在一次课堂上当众宣读了这封信，不仅当场表扬了李锡予，还坦率地承认，自己不是广东人，对广东音韵的确不甚了解。他说表扬李锡予的意图就是鼓励学生多思考，要有质疑精神，这样学问才能有长进。

从不判卷的教授

民国时期的教授大都很有个性，钱玄同也不例外。他教课从不看学生的考勤，也从不判卷。徐铸成指出：每次上课，钱先生总先在课堂外等候。每次上课时，从不看一眼究竟学生有无缺席，用笔在点名簿上一竖到底，算是该到的学生全到了。也从不考试，每学期批定成绩时，他是按点名册的先后，六十分，六十一分……，如果选这一课程的学生是四十人，最后一个就得一百分，四十人以上呢？重新从六十分开始。徐铸成回忆在北师大对学生的点名、考试等持“马虎”态度的，不只是钱玄同，其他像吴承仕、朱希祖、温源宁、马裕藻、刘文典、高步瀛等先生也是如此，这应与北师大办学风格有关。

张中行对此也有亲身经历。1931 年考入北大的张中行曾听过钱玄同的“中国音韵沿革”一课。他说考试时，上课铃响后，只见钱先生抱着书包，走上讲台，等考卷发完后，他便打开书包，取出一沓材料，一边看一边写，从不抬头察看学生考试。整个试卷共四道题，旁边的学生提醒张中行说，好歹做上三道题即可，反正钱先生也不看，张便依样行事。下课时，只见钱先生拿着收好的试卷走入教务室，还真的空手而出。校方也拿他没办法，只好为此专门刻了一个木戳，上写“及格”二字，然后在每份试卷上盖上一个木戳，只要是答卷就及格。

钱玄同考试不判卷的行为在北大、北师大行得通，然而到了燕京大学却不行了。据说兼课的钱玄同还是不看考卷便交与学校，学校退回，可钱玄同仍是不看，再退回。于是学校便依照学校规章制度说，如不判考试卷，将扣发薪金等。钱玄同的做法更是让人拍案叫绝，这次他不但郑重回复学校还附了一包钱，说薪金全数奉还，判卷恕不能从命。

“从牛到爱”

在课堂上循循善诱的钱玄同，对自己孩子的读书学习也是颇为用心。

为开阔眼界，丰富课余生活，他购买了《小朋友》《儿童世界》《小说月报》等刊物，以及《儒林外史》《水浒》《西游记》《红楼梦》《呐喊》《彷徨》《鲁滨逊漂流记》等古今中外小说，鼓励孩子们要多看课外读物，以开拓视野，提高知识面。

对待孩子们的理想与志向也很开放。他曾指出：你们将来学什么，我不包办代替出主意，由你们自己去选择。但是一个人应该有科学的头脑，对于一切事物，应该用自己的理智去分析，研求其真相，判断其是非、对错，然后定改革的措施。其次，对于古书要用历史的眼光去分析，这样，对于制度的由来，文化的变迁才能弄明白……

钱玄同的次子钱三强原名钱秉穹，因身体强壮被同学送外号“三强”。钱玄同知道这件事后，反觉得这外号很好，他说我们提倡新文化，反对复古，主张中国文字朝着大众化、平民化的方向发展，为什么

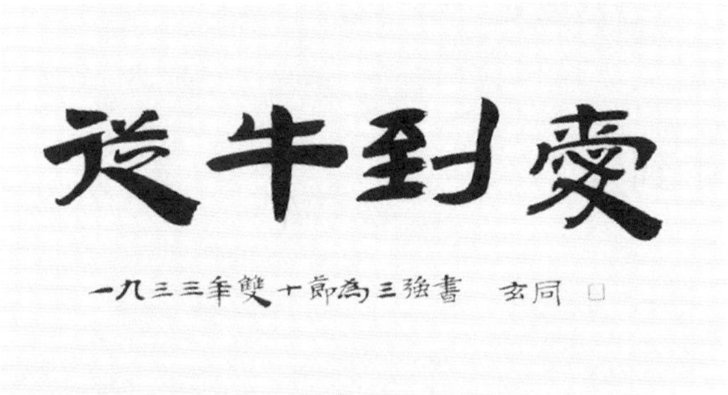

钱玄同专门为儿子题写了“从牛到爱”四个大字。

在自己子女起名问题上却有悖于此呢！为此，钱玄同将次子的名字由钱秉穹改为钱三强，取意“德、智、体都进步”。钱三强以优异的成绩考取了清华物理系，钱玄同专门为儿子题写了“从牛到爱”四个大字，以示祝贺。他解释说这四个字意思有二：一来希望属牛的钱三强在学习上要有牛身上的那股子“牛劲”；二来希望他能在

1937 年 7 月，钱三强赴法留学前夕同父母在北平家中合影。

1946 年，钱三强与何泽慧在居里实验室的云雾室设备上做“三分裂”实验。

学习上不断上进，向牛顿、爱因斯坦学习。

钱玄同的良苦用心没有付之东流。自此，钱三强始终将这四个字当作座右铭，努力学习，勇于攀登，最终成为著名物理学家，为中国的原子能事业做出了突出贡献。钱三强与同为物理学家的妻子何泽慧一同被西方誉为“中国的居里夫妇”。

对于父母的教导，钱三强终生难忘，1981年1月18日，他在《写给故乡的话》一文中指出：不论是在他乡学习的时候，还是在异国漂泊的日子；不论是在法国居里实验室里，还是在回国后领导科研的工作中，故乡总是时时牵动着我的心。我还清楚地记得孩提时代父母讲的一个个发生在故乡的感人肺腑的故事。其中秋瑾女扮男装干革命，视死如归，英勇就义的故事；蔡元培在我曾外祖父的藏书楼里刻苦读书的故事，至今还在脑海中留下深刻的印象……

刘文典

刘文典（1889—1958）

大师睿语

弟目睹刘绩，庄逵吉辈被王念孙父子骂得太苦，心里十分恐惧，生怕脱去一字，后人说我是妄删；多出一字，后人说我是妄增；错了一字，后人说我是妄改，不说手民弄错而说我之不学，所以非自校不能放心，将来身后虚名，全系于今日之校对也。

刘文典与他的两位“疯”老师

一般学问大的人，脾气都有些牛，而刘文典在这方面是更胜一筹，这应与他遇到的两位“疯”老师有关。民国期间，学界有三个著名的“疯子”。一个是被称为“章疯子”的章太炎，一个是“刘疯子”刘师培，还有一个是黄侃，人称“黄疯子”。这三人有个共同的特点，那就是学问大，脾气大。刘文典与上述三人均有交往，其中与刘师培、章太炎更为密切，因为他俩先后当过刘文典的老师。

1905 年，刘文典入安徽公学读书，在这里他遇到了一生中第一个重要老师，而且深得眷顾。据刘文典后来回忆，这位先生是现代数一数二的鸿儒，经学、小学、文学都到了登峰造极的地位，就连比起余杭章先生来，也只能说是各有所长。难以分他们的伯仲。刘所说的这位先生就是鼎鼎大名的刘师培。是时，刘师培因在《警钟日报》鼓吹革命被通缉，后应陈独秀之邀，于 1905 年来到安徽公学任教，继续从事反清活动。安徽公学原为“旅湘公学”，由李光炯创办于湖南长沙，1904 年秋，由长沙迁址芜湖，易名安徽公学。因创办人李光炯、卢仲农皆倾向于革命，所以聘请的教员大多是革命志士和留日学生。在校任教的有陈独秀、陶成章、刘师培、谢无量、苏曼殊、柏文蔚、江彤侯等，皆为时选，影响最大的莫过于刘师培。

此时刘文典年龄虽小，却也是满脑子的“饥餐胡虏肉，渴饮匈奴血”思想，在学校里也是谈“排满”最起劲的人，因此尤得刘师培喜爱。刘师培常把刘文典叫到家中，再为其单开小灶，他教人有个八字方针，那就是“寝馈许书，钻研萧选”。自此，刘文典便专学起《说文解字》与《文选》来。在刘师培的精心点拨下，刘文典的学问也是突飞猛进。那时候的刘文典可谓“非三代两汉之书不敢读”，不但做起文章来要“追效昔人，示其稽古”，写起字来也故意用一些古怪的字，以此来示意他懂得“古”。譬如在写刘文典三字时，“刘”字不见《说文》是不写的，定要写作“鎦”字；“典”字的古文从竹，也要硬加上个竹字头，总之是越古越好。

刘文典读书特别用心，他发现李善的《文选》注引得八百四十种古书、七百八十九篇诗文，那些古书好多已“今佚”，许多注字上引的字句也和“今本”不同。于是，他便把它们分门别类地抄了下来。刘师培看到后，对此大加赞赏，并让他找来《御览》《治要》《白帖》《初学记》《意林》等类书，试着做校勘工作。做校勘要求既要懂得声类通转，博览群书，又要精熟各种旧籍精本，总之是个很费工夫的工作，但刘文典却不以为苦，肯下功夫，为校对一个说法的正误，即使查阅再多的本子也在所不惜。天道酬勤，这为其日后成为一代校勘大家打下了坚实的基础。在刘师培的悉心教导之下，刘文典文章也写得很精彩，陈独秀看后，说他是三百年中第一人，刘师培也说他的文章像龚定庵。

1908年底，刘文典赴日本求学，恰好经学大师章太炎也在日本。原来章太炎因在《苏报》上发表《康有为与觉罗君之关系》和为邹容的《革命军》所写的序言而被捕入狱。1906年章太炎一出狱，马上被孙中山邀至日本，掌管同盟会机关报《民报》的编辑与发行。章太炎的到来，立刻吸引了大批中国留学生前来请教，于是章太炎一边办《民报》，一边开办“国学讲习会”。前来听课的有黄侃、钱玄同、许寿裳、周豫才、周作人等后来在近现代学术史上如雷贯耳的大师级人物。

刘文典听说此事后，便想拜章太炎为师。那时的章太炎住于日本东京小石川区一个叫作“学林社”的地方。刘文典在朋友的带领下，去拜见章太炎。只见章太炎穿一身和服，由楼上走下来。这时刘文典已知章太炎与刘师培因故翻脸，在作自我介绍时，刘内心很是矛盾，但又不得不说，踌躇了好一阵子，才说道他曾师从刘师培先生，读过《文选》《说文解字》等书。没想到，章太炎真是古道热肠，一听是刘师培的学生，高兴极了，他早就听刘师培说过有刘文典这个学生，说这个学生不仅天资聪颖，而且勤奋好学……不知不觉两人竟谈了两三个小时。谈话中刘文典得知章太炎对刘师培的学问依然推崇备至。自此，刘文典便成了章氏门中的一个弟子。那时，虚心好学的刘文典几乎天天都去章太炎处请教，听章讲授治经学、小学的方法。世人因章太炎做事特立独行，称他为“疯子”，可是对学生却极好，随便谈笑，同家人朋友一样。夏天盘膝坐在席上，光着膀子，只穿一件长背心，留着一点泥鳅须，笑嘻嘻地讲书，庄谐杂出。师从章太炎的这段时间，刘文典受益匪浅，令他终生难忘。20世纪50年代，刘文典曾满怀深情地写下《回忆章太炎先生》一文，文中回想章先生的一生，人格是十分伟大的，学问是十分高深的。本来汉学家做学问的方法，就是很科学的，也可以说就是很辨证的，所以研究出来的东西，多半是颠扑不破的。章先生在学术上的成就，天下后世，自有定评，无待我这个小学生多说。章先生的思想，也是个唯物论者。他虽是喜欢讲佛学，但决不迷信佛教，可以说是吸取了佛学里唯物的内核，吐弃了唯心的外壳……

1911年10月10日，武昌新军起义，辛亥革命爆发。而此时，远在日本东京的章太炎正在为刘文典等用佛学印证的方法讲授《庄子》。一天一位同学买来号外一读，正是武昌起义的消息，大家都兴奋地跳了起来。自此，章太炎虽与学生们天天聚会，却不再谈论《庄子》《说文》，只谈如何革命了。不久，怀着满腔革命激情的刘文典，没来得及与章太炎辞行便回国，在上海于右任、邵力子等主办的《民立报》担任编辑。期间刘文典采写了大量鼓励革命、倡导共和的文章，来宣传革命思想。“二次革命”失败后，报社遭查禁，刘文典亦遭暗算手臂中弹，幸好没有大碍，他于是逃到日本，并在日本加入了孙中山组织的中华革命党，同时负责孙的英文电报起草工作。1916年，袁世凯一命呜呼，刘文典迅速回国，这时他看到的却是军阀割据、饿殍遍野、百业凋零、民不聊生。他悲观失望，愤而远离政治，决意专心研究学问。

潜心著述，声名远扬

正在此时，在蔡元培举荐下出任北京大学文科学长的陈独秀向刘文典发来了到北大任教的邀请，刘欣然前往，任北大预科教授兼国文门研究所教员。从此，开始了他讲学和著书的生涯。刘文典初到北大时，年仅27岁，年纪轻轻便跻身于教授行列，这在人才济济的北大，确实有些扎眼。一些老牌学者便对此颇有看法，认为这小子上位未免太快。“怪杰”辜鸿铭便一向瞧不起这些年轻教员，一次，他对迎面而来的刘文典说：“你教什么课啊？”刘文典毕恭毕敬地回答说：“汉魏六朝文学。”辜鸿铭微微一笑，然后满脸鄙夷地说：“我都教不了，你能教好？”现实告诉刘文典，要想在北大站稳脚跟，不拿出点真本事是不行的。于是他以古籍校勘为突破口，开始了《淮南子》的校勘工作。刘文典的治学极其严谨，在校勘中不仅字字讲究来历，连校对也不假他人之手，可谓“一字之微，征及万卷”。他对胡适说，他目睹刘绩、庄逵吉辈被王念孙父子骂得太苦，心里十分恐惧，生怕脱去一字，后人说我是妄删；多出一字，后人说

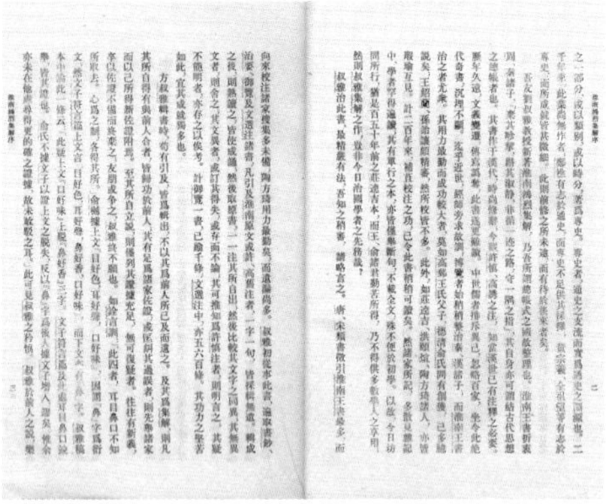

《淮南鸿烈集解》中胡适写的序言部分

我是妄增；错了一字，后人说我是妄改，不说手民弄错而说我之不学，所以非自校不能放心，将来身后虚名，全系于今日之校对也。

为查阅《道藏》以校勘《淮南子》，刘文典经朋友引荐住进了北京白云观，因为这里藏有保存良好的明正统年间刊印的《道藏》一部。为了充分利用这难得的机会，在潜心翻检《道藏》的那段日子里，刘文典经常是足不出户，茶饭不思。夜以继日地研读，虽然收获不菲，却因此患上了严重的神经衰弱症，后来调养了半年才慢慢好转。历数年青灯黄卷，刘文典终于大功告成。1923 年，商务印书馆出版了他的《淮南鸿烈集解》。胡适为了表示对这部书的尊重，破例用了文言作序。

该书出版后受到学术界的好评，梁启超对此书非常认可，他在为《清华周刊》开列的《国学入门书要目及其读法》中不但将此书列入要目，还作了推荐，《淮南子》，此为秦汉间道家言荟萃之书，宜稍精读，注释书闻有刘文典《淮南鸿烈集解》颇好。胡适也在其著作《中国中古思想史长编》中指出：近年刘文典的《淮南鸿烈集解》收罗清代学者的校注最完备，为最方便适用的本子。而当时一向主张少读古书的鲁迅，也于1924年2月2日在商务印书馆购买了该书，并将此事写入日记。众多名家的推重，使刘文典的学术地位大大提升，在北大再也没有人敢小瞧刘文典了。

刘文典的学术研究并没有因此而驻足，日常除教书外，仍孜孜不倦地专注于古籍校勘和研究。他经常通宵达旦地读书著书，等到鸡鸣时才上床休息，直到第二天下午一两点才吃早饭，这时，他还是朦朦胧胧的，夫人为其夹菜，他总是看也不看就吃了下去。

刘文典读书很会利用时间，即使上班的路上也不放过。其清华的同事史学家钱穆常与其同乘校车赴校上课，钱见刘文典在车上常常是一手挟书阅读，一手拿烟卷，烟屑是随吸随长，虽车行摇动，烟屑却能不坠。由于看书专心，刘文典好像什么也不知道似的。

不动笔墨不看书。刘文典读书喜欢将感悟心得记于书的天头地脚，时间长了，这些文字便成了其重要的治学材料。一天，学生李埏与张友铭同去拜访刘文典。李埏见刘文典的书桌上放着一本“支那内学院”木刻本的《唐三藏法师传》。书中每页的天头上充满了眉批，眉批是用毛笔写的蝇头小楷，字迹清晰工整。李埏见后爱不释手，在征得刘文典的同意后，便把此书带回学校，回去就小心翼翼地打开书，一边看书的内容，一边一字不漏地看眉批。这些眉批有前人的书评；有英、德、法、日学者关于该书的见解；有刘文典的读书心得等。李埏越看越是佩服这位在衣着上不修边幅，治学上却是一丝不苟的老师。不想翻着翻着，竟发现书中夹着一张画着老鼠的棉纸。在还书时，李挻问及此事，刘文典听后大笑不已。原来是刘文典在乡下常点香油灯看书，时间长了，灯盘上存了不少从灯芯上滴下来的油。一天深夜，刘文典正在灯下读书，一只觅食的老鼠旁若无人地来到灯盘上如饥似渴地饱餐起来。刘文典本想打死它，但转念一想，老鼠只是在讨生活，而自己读书也是讨生活，就让它尽情吃吧。为记下此事，刘文典便拿起毛笔将这个场面绘到一张棉纸上，然后夹到书中。李埏听后说，先生真有好生之德！刘文典说，好生之德不行了，后来从西庄搬回来，因房子小，装书的箱子就没有打开，没想到老鼠钻进去做了窝，将书全咬碎了，早知道如此，那时候把老鼠打死就好了，省得它来整我！只可惜那些作了眉批的书。

刘文典类似的损失不止于此。1937 年“七七事变”后，刘因故未来得及与清华一起南迁。1938 年 3 月，刘文典终觅得机会，只身逃出虎口，千里走单骑，辗转两个多月才到达联大文学院驻地云南蒙自。随后刘文典写信给他夫人，让她带孩子尽快赶到云南。他夫人接信后，即带着幼子与行李赶往香港，行李中最重要的是刘文典的藏书与手稿，足足有四大箱。到香港时，负责接待他们的刘文典的学生，为减轻师母的负担，便建议将不好带的行李留下由他代为保管，这样刘文典的

陈寅恪序

合肥刘叔雅先生以所著庄子补正示寅恪，曰，姑强为我读之，寅恪承命读之竟，叹曰，先生之作，可谓天下之至慎矣，其著书之例，虽能确证其有所脱，然无书本可依者，则不之补，虽能确证其有所误，然不详其所以致误之由者，亦不之正，故先生于庄子一书，所持胜义，犹多蕴而未出，此书殊不足以尽之也，或问曰，先生此书，谨严若是，将无矫枉过正乎，寅恪应之曰，先生之为是，非得已也，今日治先秦子史之学，著书名世者甚众，偶闻人言，其间颇有改订旧文，多任己意，而与先生之所为大异者，寅恪平生不能读先秦之书，二者之是非，初亦未敢遽判，继而思之，尝亦能读金圣叹之书矣，其注水浒传，凡所删易，辄曰，古本作某，今依古本改正，夫彼之所谓古本者，非神州历世共传之古本，而苏州金人瑞胸中独具之古本也，由是言之，今日治先秦子史之学，而与先生所为大异者，乃以明清放浪之才人，而谈商周邃古之朴学，其所著书，几何其不为金圣叹胸中独具之古本也，而欲以之留赠后人，焉得不为古人痛哭耶，然则先生此书之刊布，盖将一匡当世之学风，而示人以准则，岂仅供治庄子者之所必读而已哉，公元一千九百三十九年一月十四日修水陈寅恪。

陈寅恪序　一

《庄子补正》中陈寅恪写的序言部分

四大箱书稿便留在了香港。母子到达云南后，刘文典闻知此事非常恼火，他说这些书稿倾注了他一生的心血，宁肯损失绫罗绸缎，也不该把书留在香港。不幸的是，1941 年香港沦陷后，这四箱书稿落到了日本侵略者手中。

尽管如此，刘文典依然笔耕不辍、著作丰硕，继《淮南鸿烈集解》后，刘文典又有《三馀札记》《庄子补正》《说苑斠补》等著作问世，特别是 1939 年出版的《庄子补正》一书，影响尤甚。被称为“教授的教授”的陈寅恪，更是亲自出马为该书作序，并破天荒地对该书作了高度评价：先生之作，可谓天下之至慎矣……然则先生此书之刊布，盖将一匡当世之学风，而示人以准则，岂仅供治《庄子》者之所必读而已哉！

刘文典也因研究庄子的成功，有了“庄子专家”“活庄子”的美誉。

“高见甚是，高见甚是”

自 1917 年刘文典应邀任北京大学教授后，又先后在安徽大学、清华大学、西南联大、云南大学任教，可谓一生都献给了教坛。刘文典的课教得怎么样，清华园的学生曾有过这样的描述：

常言说：“以貌取人，失之子羽。”这句话很像特别是为我们刘叔雅先生而设的。幼时读《新青年》，看见刘先生清新美丽的文笔，绵密新颖的思想，辄幻想作者必定是一位风流倜傥、才气纵横的“摩登”少年。后来又从书铺里看到刘先生的大作《淮南鸿烈集解》，读一读卷首古气磅礴的自序，再翻一翻书中考据精严的释文，才又悟到作者必定是一位架高鼻梁眼镜，御阔袖长袍而状貌奇伟的古老先生。因为有这一种观念在脑子里，所以考入清华那年，大一国文不选杨遇夫先生，不选俞平伯先生，也不选朱自清先生，而单选这位善解文字给人种种不同印象的刘叔雅先生。但当第一次看见刘先生时，这种矛盾无稽幻想，一下子就逃走得一往无踪了。记得那日国文班快要上课的时候，喜洋洋坐在三院七号教室里，满心想亲近这位渴慕多年的学术界名流的风采。可是铃声响后，走进来的却是一位憔悴得可怕的人物。看啊！四角式的平头罩上寸把长的黑发，消瘦的脸孔安着一对没有精神的眼睛，两颧高耸，双颊深入；长头高举兮如望空之孤鹤，肌肤瘦黄兮似辟谷之老衲，中等的身材羸瘠得虽尚不至于骨子在身里边打架，但背上两块高耸着的肩骨却大有接触的可能。状貌如此，声音呢？天啊！不听时犹可，一听时真叫我连打几个冷噤。既尖锐兮又无力，初如饥鼠兮终类寒猿……且说刘先生外观虽不怎样动人，然而学问的广博精深，性情的热烈恳挚，却是让人到如今仍觉得"十二万分"地佩服的……刘先生是国内有名的训诂学家，这是谁都知道的。但当他教我们《圆圆曲》《万古愁》两篇文字时，把明末清初的事迹如数家珍般地一一说给我们听，并且在黑板上列举了许多典故。像这种博涉群书而又能驾驭的力量，岂是时下一班读两卷小书便以学者自命的小鬼们所可与同日而语的？

1955年9月，在云大中文系召开的迎新会上，一阵雷鸣般的掌声过后，刘文典不慌不忙地对全场新生说，我虽然不教你们，不过要是遇到了国学上的难题，你们可以来问。我喜欢勤学好问的学生，别人不识的字，我识，别人不懂的篇章，我懂。你们不论来问什么问题，我都会予以解答。嗯，就说这些。看到一些新生脸上露出半信半疑的表情，负责接待新生的高班同学说，老先生此言并非狂妄，他的胸中可以说盛着中国古典文学浩瀚的大海，用才高八斗、学富五车来形容他绝不为过。随后，那个高班同学写出"赤疋"两个字，问新生是否认得，见新生一个劲儿直摇头，高班同学说，他进校的时候，也有高班同学写这两个字来让他认，结果他错读成了“卡疋”，不过倒也没有人笑话，因为谁都读不出来。原来刘先生名文典，字“尗疋”，读作“叔雅”，但同学们仍习惯把刘文典叫作“卡疋”先生。

刘文典讲课从不照本宣科，善于利用自己广博的知识面，旁征博引、左右逢源，对学生循循诱导。其学生回忆，在西南联大讲课时，刘文典常携一小茶壶于讲台上，入座后，即打开包着教材的布包袱，然后取出书本。开宗明义，阐明课题后，便不看课本或教案，因为他说“教案在脑中”，然后，即兴抒发，或作文字的训诂，或作意境的描绘。有时作哲理上的探讨，有时作感情上的抒发，引经据典，汪洋恣肆，忽如大江之决堤，忽如神龙见首不见尾。口渴了，端起小茶壶呷上两口，润润嗓子，讲累了，点燃一支烟，猛吸几口，靠在椅背上闭目养神，兴浓时，会击节而歌，无所顾忌，兴之所致，说文论诗，出口成章，左右逢源，挥洒自如……有时由于讲课太投入，便忘记了下课，上下一节课的老师只好在教室外等候，这时学生也不敢提醒，直到讲完，刘文典拿出怀表一看，才“哦、哦”了两声，包好书本，慢慢走出教室。

学生傅来苏曾质疑刘文典“学案在脑中”这句话，对老师随兴所致、挥洒自如的讲课内容是否紧扣学案内容持怀疑态度。1951 年傅来苏听刘文典讲授《庄子・养生主》课时，一次趁在讲台上板书资料的机会，看了一眼刘文典放在讲桌上的书本。没想到书本的天头上记满了用蝇头小楷做的眉批，字迹认真工整，一丝不苟，其间还有外语。下课后替老师整理书本，看到此书是老师 1939 年出版的《庄子补正》，事后傅将此事说与同学们听，同学们皆对老师的严谨治学态度赞叹不已。没想到对《庄子》研究早已声名远扬的老师，仍然本着“一字异同，必求碻诂”的原则，继续对《庄子》做着校勘训诂研究。怪不得老师讲起课来左右逢源，舒卷自如，原来老师对自己讲授的课题，早已融之于心，化之于脑矣，还用备什么课啊！

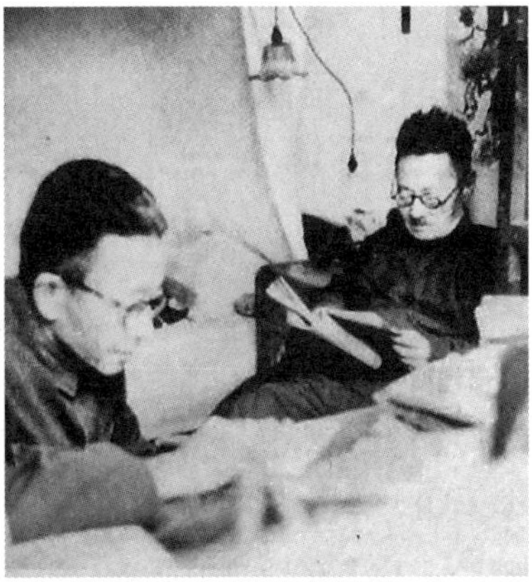
1956 年，刘文典在云南大学寓所。

学生宋廷琛对刘文典所讲印象最深者要属《芜城赋》《海赋》和《月赋》。宋回忆，当他解说《海赋》时，不但形容大海惊涛骇浪，汹涌如山，而且叫我们特别要注意讲义上的文字，留神一看，果然满篇文字多半都是水旁的字，叔雅师说姑不论文章好坏，光是看这一篇许多水旁的字，就可令人感到波涛澎湃瀚海无涯，宛如置身海上一般。张中行说刘文典讲《海赋》，多从声音的性质和作用方面发挥，当时觉得确是看得深，说得透。

有一次，刘文典只讲了半个小时的课，便宣布今天提早下课，改在下周三晚饭后七时三十分继续上课，弄得同学们一头雾水。原来下周三是阴历五月十五正值月满之期，他要在月光下讲《月赋》，还真是天公作美，讲课的那晚皓月当空、万里无云，只见月光中刘文典坐在学生中间大讲起《月赋》来。如此别开生面的讲课，多年后，好多同学对此记忆犹新。

每逢讲授诗歌，刘文典必是摇头晃脑，或浅吟低唱，或慷慨悲歌。

雅兴高时，他不仅自己吟诵，还要求学生模仿。有的同学没有照办，他虽不悦，但也不苛责，只是遗憾地打比方说，诗不吟，怎知其味？欣赏梅先生的戏，如果只是看看听听而不出声吟唱，怎么能体会其韵味呢？傅来苏如是说。

同在西南联大教学的吴宓与刘文典关系密切，二人常在一起切磋交流。吴十分敬佩刘的学识，有时他也坐在学生后面听刘讲课，刘也不介意。刘文典讲课时喜欢闭目，讲到自以为独到之处时，总会抬头看坐在后排的吴宓，然后问："雨僧兄以为如何？"每当这时，吴宓照例起来，恭恭敬敬一面点头一面说："高见甚是，高见甚是。"两位高手的一问一答之状，常惹得学生为之窃笑。

拨开烟雾睹真容

由于学识渊博，课堂上的刘文典常发惊人之语，至今仍为其学生津津乐道。刘文典晚年曾开“杜诗”“温（飞卿）、李（商隐）诗”等课程。为更好地领悟他的讲授内容，学生常借来一些参考书籍读，如冯至的《杜甫传》等。刘文典看到后，亦未置可否，却打了一个风趣而含蓄的比喻：去神庙烧香拜佛，烛光闪闪，烟雾袅袅，神佛的真容常模模糊糊，影影绰绰。要看清神佛，必须拨开烟雾，才能看清庐山真面目。

这个比喻里夹杂着一个治学道理，无论是读书治学或讲课教书，参考他人的著述，借鉴他人的成果，未尝不可，但最终要有自己的真知灼见，才算读有所获。其学生傅来苏对这个比喻深有感悟，觉得终身受用。多年后他依然感慨地说：“拨开烟雾睹真容，言之有理。”

关于如何作诗，刘文典的解释更令人拍案叫绝。他说，什么是诗，“观世音菩萨”也。“观世”者，就是要多观察客观世界，了解人情世故；“音”，就是讲究音韵之美；“菩萨”，就是要有救苦救难的菩萨心肠，也就是要有伟大的同情心。

被誉为“活庄子”的刘文典对《红楼梦》的研究也有独到之处。当年在西南联大，刘文典曾三易场地作《红楼梦》演讲。原来刘文典初定在一小教室开讲，后来因为听众太多又改在了大教室，但还是坐不下，最后改在大教室前的广场上开讲。面对台下大批席地而坐的学生，刘文典从容饮尽一杯茶后，霍然起立，像说“道情”一样地念出了他的开场白：只吃仙桃一口，不吃烂杏一筐！仙桃只要一口就行了啊……讲《红楼梦》嘛，凡是别人讲过的，他都不讲；凡是他讲的，别人都没有说过！今天给大家讲四个字就够了！说完转身拿起粉笔在小黑板上写下“蓼汀花溆”四个大字。刘文典详解说，《红楼梦》第十八回写贾元春回家省亲，对贾宝玉给大观园题的匾都点头称赞，唯独看到“蓼汀花溆”四字时，笑道：“‘花溆’二字便好，何必‘蓼汀’？”贾政听到后，立即遵旨换下。元春为什么只要“花溆”二字呢？刘文典解释说，这是因为“花溆”的“溆”字，其形似“钗”，其音似“薛”；而“蓼汀”二字反切就是“林”字。由此可知，当时贾元春已暗示她喜欢薛宝钗，不喜欢林黛玉。话音未落，台下已掌声如雷。

替庄子跑警报

刘文典在课堂上讲到文人相轻，自古而然。夫人善于自见，而文非一体，鲜能备善，是以各以所长，相轻所短。常人贵远贱近，向声背实……讲得可谓源源本本、头头是道。但随着年龄的增长，学术地位的提高，他好像忘了课堂上讲的这些理论了，也忍不住点评起他人来了。他素来看不起搞新文学的作家，认为文学创作的能力不能代替真正的学问。当他获悉西南联大准备将沈从文提升为教授时，勃然大怒，并公开发言表示反对，陈寅恪才是真正的教授，他该拿 400 块钱，我该拿 40 块钱，沈从文只该拿 4 块钱。沈从文是我的学生。他都要做教授，我岂不是要做太上教授了吗？

在西南联大，跑警报是常有的事。一次，刘文典恰巧看到沈从文从他身边跑过，立刻面露不悦之色，顾不得自己跑得上气不接下气，转身责问道："我跑是为了保存国粹，学生跑是为了保留下一代希望，可是该死的，你干嘛跑啊！"

其实刘文典并非瞧不起沈从文这个人，而是瞧不起他所从事的

西南联大校门

学问。一次有人跟他提及名满文坛的《激流三部曲》作者巴金，刘想了半天，喃喃自语：“我没有听说过他，我没有听说过他。”刘文典也曾嘲笑茅盾连自己的名字都不会读，那个“盾”字通古汉字里的“楯”字，应该读“shǔn”。

沈从文的妻妹张充和在北大念书时，刘文典便是她的古典文学老师，她也确认过刘文典藐视沈从文之事。大家都觉得刘文典有些自视过高，而充和却不这么认为。她说，刘文典是个喜欢逾矩的人，他的生活方式夸张，常发怪论。他轻视沈从文，不过并不止他一个，所有用白话写作的人他都看不起，包括胡适在内。她认为刘文典的主观判断并没有什么恶意，其实有时刘文典甚至连自己都看不顺眼，其他人何必跟他较真呢！

总之无论刁难沈从文，还是轻视巴金、茅盾，说到底刘文典实际上是不把当时的新文学放在眼里，认为这些过于浅薄的东西，哪里比得上深沉浑厚的古典研究。钱理群在谈到刘文典等人的“狂”时，他说所谓“狂”，无非是把自己这门学科看成“天下第一”，自己在学科中的地位看得很重：我不在，这门学科就没了！这种“舍我其谁”的狂傲、气概，其实是显示了学术的使命感、责任感和自觉的学术承担意识。

晚年的刘文典曾感慨地说，他最大的缺点就是骄傲自大，但是并不是在任何人面前都骄傲自大。他一生最佩服陈寅恪，他公开承认他的学问不及陈氏的万分之一，又多次对学生说，他对陈氏的人格、学问不是十分敬佩，是十二万分的敬佩。

刘文典在学生面前从不摆老师的架子。张文勋便经常到刘文典家中去请教。每次去，师母必以烟茶招待，如遇阴冷天气，师生便围炉而坐，炭火取暖。张文勋说，他在课堂上已受益匪浅，而在课堂下的教诲虽是只言片语，往往更能深入人心，于读书做学问之道，确可终身受用。1954 年 7 月，即将离校的傅来苏与同学范克庄一起前往老师刘文典寓所辞行，临别前，他们请老师写点言词以作纪念，刘文典慨然应允，略为思索为他俩各写了一首七律，盖过印章后，亲手递于他们。当他俩看到题款中称他俩为“某某某贤友两正”时，均愧不敢当。刘文典却说：“青出于蓝而胜于蓝，焉知来者之不如今也！”

陈寅恪

陈寅恪（1890—1969）

大师睿语

我认为研究学术，最主要的是要具有自由的意志和独立的精神。所以我说士之读书治学，盖将以脱心志于俗谛之桎梏。“俗谛”在当时即指三民主义而言。必须脱掉俗谛之桎梏，真理才能发挥，受俗谛之桎梏，没有自由思想，没有独立精神，即不能发扬真理，即不能研究学术。

“全中国最博学之人”

1925 年初，清华学校设立国学研究院。研究院继承中国古代书院的传统并借鉴英国牛津等世界著名大学实行导师制的经验，先后聘请了王国维、梁启超、赵元任、陈寅恪为教授，这就是后来名动天下、流传久远的“四大导师”。四大导师中，陈寅恪到校最晚，当时在国内的名气也最小。

据载，围绕聘请陈寅恪担任国学导师一事，还曾发生过一番争执。在清华国学院成立之初，时任筹备处主任的吴宓便向校长曹云祥推荐陈寅恪为国学导师人选，曹云祥鉴于陈寅恪既无名气，又无博士学位，便没有答应。后来，梁启超为这事，亲自去找曹云祥。

曹问：“他是哪一国博士？”

梁答道：“他不是学士，也不是博士。”

曹又问：“他有没有著作？”

梁答：“也没有著作。”

曹说：“既不是博士，又没有著作，这就难了！”

陈丹青的油画《国学研究院》，图中人物自左至右为赵元任、梁启超、王国维、陈寅恪和吴宓

这时梁启超生气地说："我梁某也没有博士学位，著作算是等身了，但总共还不如陈先生寥寥数百字有价值！好吧，你不请，就让他在国外吧！"

接着，梁启超便滔滔不绝地讲起柏林大学、巴黎大学的知名教授对陈寅恪的推誉来，曹一听，既然外国名教授都一致推崇，便拍板应允了此事。民国十五年即1926年的秋天，陈寅恪抵达清华，出任国学导师，时年36岁。

事实上，留洋十余载的陈寅恪也确如梁启超所说，其知识之渊博，学问之精，世所罕见。吴宓称："合中西新旧各种学问而统论之，吾必以寅恪为全中国最博学之人。"

就拿语言一项来说，他应该是掌握语言种类最多的中国人。其弟子季羡林在整理陈寅恪留学德国所写的64本学习笔记时，发现其中专就外族和外国语言而论，数目就大得可观。英文、德文、法文、俄文等，算是工具语言。梵文、巴利文、印度古代俗语、藏文、蒙文、西夏文、满文、新疆现代语言、新疆古代语言、伊朗古代语言、古希伯来语等，算是研究对象语言。陈寅恪对于这些语言都下过深浅不同的功夫。还有一些语言，他也涉猎过，或至少注意到了，比如印地语、尼泊尔语等。

一次，陈寅恪去看侄儿陈封雄，他随手翻阅了一下侄儿的世界历史课本，课本是根据美国教科书编译而来，其中有一张插图下面注解为“刻有巴比伦文的出土碑碣”。一向对语言文字有兴趣的他随即仔细研究起来。一会儿，不知为什么陈寅恪脸上的表情突变得哭笑不得，陈封雄急问原因，陈寅恪笑着指出：这不是巴比伦文，是突厥文。写书的人用错了图片。

陈寅恪一生著有《隋唐制度渊源略论稿》《唐代政治史述论稿》《元白诗笺证稿》《柳如是别传》等作品。这些藏之名山、传之后世的著作得到学术界的高度认可。美国弗吉尼亚大学教授汪荣祖认

1904 年，在东京，左为陈隆恪，中为陈寅恪，右为陈衡恪。

为，陈寅恪在现代中国史学上占有极其重要的地位，在国外影响也很深远。享誉世界的汉学名著《剑桥中国隋唐史》曾给陈寅恪以下褒奖：解释（唐代）这一时期政治和制度史的第二个大贡献是伟大的中国史学家陈寅恪作出的。在战争年代重庆出版的两部主要著作和四五十年代发表的许多论文中他提出的关于唐代政治和制度的一个观点远比以往发表的任何观点扎实、严谨和令人信服。

渊博的学识，使陈寅恪声名远播，名扬中外。苏联学者曾在蒙古发掘到三块突厥碑，在当时可谓轰动全世界，遗憾的是，碑文内容竟无人能解读。后陈寅恪对碑文进行了破译，各国学者看后同声叹服、再无异辞。唐与吐蕃的“唐蕃会盟碑”是汉、藏两族友谊的历史见证，但碑文内容却难倒了众多学术界大腕，无论是沙畹还是伯希和这样的顶尖汉学家，都是一筹莫展。这时，又是陈寅恪出马给出了令人信服的翻译，让世界学术界震惊。日本史学泰斗白鸟库吉更是对陈寅恪佩服至极。一次白鸟库吉在研究中亚问题时，遇到一疑问之处，反复研究不得其解，无奈写信向外国学者求教，复信说可向柏林大学某教授求教，而柏林的教授回复说可向中国的陈寅恪教授请教，白鸟库吉即转向陈氏，结果疑问圆满解决。事后，白鸟库吉自叹说，如果没有陈教授的帮助，自己对这个问题不知还要摸索多少年。

此外，在陈寅恪任教的清华园中，师生们凡有文学和史学方面的疑难问题，也都习惯于向陈寅恪请教，在陈寅恪的耐心解答下，个个都能满意而归。因此，大家都奉陈寅恪为“活字典”“太老师”“教授的教授”。

听他的课简直是一种享受

没有学位，没有著作，满腹绝学的陈寅恪来到北京西北郊的水木清华内，与弟子从容论学，传道解惑，如鱼得水，大放异彩。同学们盛赞他为清华最好的教授。

陈寅恪在清华上课时曾坦言自己的讲课原则：前人讲过的，我不讲；近人讲过的，我不讲；外国人讲过的，我不讲；我自己过去讲过的，也不讲。现在只讲未曾有人讲过的。这一点，他做到了。陈寅恪治学宽广，他游学各国十余载，古今中外，博览群书，加上其敏锐的观察力和记忆力，总是能从一些常见的习以为常的历史资料中，晰出自己的心得体会、新发现、新见解。因此，他的讲课内容从没有浮辞赘语，总是充满了从没听过的新知识、新观点，虽平铺直叙，但听起来却是津津有味，令人心驰神往流连忘返。而陈寅恪也仿佛从中受到感染，每讲到入神之处，往往闭目而谈，整个身心完全沉浸到所讲的内容中，以至于下课铃响了许久，还在讲解不停，似乎没有从物我两忘的境界中走出来。

他的学生罗香林回忆他讲课时的情景：每种课程均以新的资料印证旧闻，或于习见史籍发现新的理解。凡西洋学者对中国历史研究有新发现的，亦必逐类引证。因为引用外文的专籍特多，所以学生每不易笔记；但又因其每讲都有新的阐发，所以学生也津津有味。他的另一学生许世瑛回忆，他讲课都是讲他的心得和卓见，所以同一门功课可以听上好几次，因为内容并不全同。他最令同学们敬佩的，就是利用一般人都能看到的材料，讲出新奇而不怪异的见解。大家听完以后都会有“我们怎么竟想不出”的感觉。

由于陈寅恪的语言学知识太过丰富，一些语言文字修养稍差和国学知识稍浅的同学，听他讲课就有些吃力。清华国学研究院第三届学员蓝孟博对此就感受颇深。陈先生演讲，同学显得程度很不够。他所会业已死了的文字，拉丁文不必讲，如梵文、巴利文、满文、蒙文、藏文、突厥文、西夏文及中古波斯文非常之多，至于英文、法文、德文、俄文、日文、希腊诸国文更不用说，甚至于连匈牙利的马札儿文也懂。上课时，我们常常听不懂，他一写，哦！才知道，那是德文，那是俄文，那是梵文，但要问其音，叩其义方始完全了解。不过，经过他的讲解，疑问明了之后，顿觉如沐春风，感觉陈师的讲课字字珠玑，个个精金美玉的同时，自恨自己语文修养太差，不配当他的学生。

课堂上的陈寅恪也不乏诙谐幽默的谈吐。他曾送给学生一副对联，即“南海圣人再传弟子，大清皇帝同学少年。”并解释说，“南海圣人”是指康有为，其弟子便是清华国学研究院的梁启超，所以大家是“南海圣人再传弟子”。同是国学研究院的王国维曾任南书房行走，并在清宫教过已退位的末代皇帝溥仪，所以大家又可称是“大清皇帝同学少年。”学生听后哄堂大笑。据载梁启超、王国维听学生说起陈寅恪的这副名联时，也被逗乐了。

关于对联还曾发生过这样一件事。1932 年夏，清华大学国文系主任刘文典委托陈寅恪为中文系新招学生代拟入学考试国文题目，陈寅恪所列考试题目之一便是对对子。此事一出，立刻沸沸扬扬，议论纷纷。人们认为赫赫有名的大学者陈寅恪不该出对对子这样“小儿科”的考试题目。但陈寅恪却不以为然，他认为对对子的益处有四点：

一是对对子可以测验应试者，能否知虚实词及其应用；

二是对对子可以测验应试者能否分清平仄声；

三是对对子可以测验应试者读书量及语藏之贫富；

四是对对子可以测验应试者思想条理，以及讲话写文章是否有逻辑性。

事实上，对对子这种看似简单的艺术形式，却是检验学生学养的一个好方法。况且，陈寅恪出的对子也是生动新颖，其中一则上联为“孙行者”，求对句。陈本拟定了“王引之”“祖冲之”两个标准答案，结果真有学生构思巧妙、别出心裁，给出了“胡适之”这个答案。陈寅恪阅后颔首称赞，随后嘱咐学校一定要将这个考生招进来，这个考生就是后来的大学者北大教授周祖谟。

陈寅恪讲课，注重对学生的自然启发，着重新的发现。对学生从不点名，也无小考；即使大考，也只是按照学校的规章出题，没有不及格的。他指出：问答式的笔试，不是观察学问的最好办法。做论文要有新的资料或新的见解，如果资料和见解都没有什么可取，则做论文也没有什么益处；最好各同学于听讲及研究后，细细的想想，到了学期结束，对教师每位提出一二问题；自然，教师也是不能包懂的，但对学生能否提出适当的问题，也可以知道学生是否曾用过功夫，可以略约分别成绩。当今，传统的问答式笔试一直为社会各界所诟病，陈寅恪的教学观点，对于当今的教学模式来说应是一个很好的借鉴。

生活中，陈寅恪无处不是课堂。一天他请来访的学生喝葡萄酒，随后便问葡萄原产何处，原名什么；葡萄酒最早出现在什么地方，叫什么；何时又传到何处，又变为什么名字；最后从各国文字的演变之迹，分析出其传播路径。如此这般，娓娓道来。在这里葡萄酒成了陈寅恪最好的教学用具，学问真是无处不在。

渊博的知识，灵活新颖的教学风格，很快使陈寅恪成为最受清华学生欢迎的老师之一。

在清华园听陈寅恪讲课的，除了国学研究院、中文系、历史系的学生外，许多外系的学生也不愿失去聆听名师教诲的机会，纷纷选修他所开讲的课程。更有甚者，一些学生听了陈寅恪的课后，竟然萌生了转系的念头。清华国文系的大三学生王永兴便是其中一个。一次，他与哲学系的同学徐高阮旁听了一节陈寅恪讲的关于唐史的课程，随后，便找到教务长潘光旦，要求转到历史系。潘光旦对他说，转系需要推迟一年毕业，两人依然坚持己见。潘教务长见他们态度坚决，便答应了他们，于是王永兴从一个中文系的大三学生变成了历史系的大二学生。

陈寅恪被誉为“教授的教授”，这绝非夸大之词。在他讲课的教室中不仅坐满了慕名而来的学生，也不乏成名的教授。在清华国学研究院时期，吴宓是逢讲必到，风雨无阻。助教来，朱自清来，北大外国教授钢和泰也是有空就来。令人称奇的是，一些大教授对陈寅恪也是无比推崇。1934 年清华大学出版的《清华暑期周刊·教授印象记》曾有这样的报道：著名哲学家冯友兰可谓大学问家，在清华称得上名教授，他从 1928 年进校起，做过秘书长、文学院院长和代理校长，但每回上“中国哲学史”课时，总看见冯友兰十分恭敬地跟着陈寅恪从教员休息室出来，边走边听陈寅恪讲话，直至教室门口，才对陈先生深鞠一躬，然后离开。这使清华的师生既感佩冯先生的谦逊有礼，亦深感陈先生的崇高伟大。

学贯中西，贯通今古

陈寅恪何以能不断发前人未发之覆，成为学贯中西的大学者？

有人说家学渊源加上过人的天赋是成功的因素之一，这一点陈寅恪具备了。清光绪十六年（1890），陈寅恪生于湖南长沙。陈家属客家民系，原来居住于福建上杭，到陈寅恪六世祖才举家迁往江西义宁州（今修水县）。翻开中国近现代史，陈氏家族的陈宝箴，其哲嗣陈三立以及长孙陈衡恪和六孙陈寅恪等祖孙三代四人，皆占有一席之地。祖父陈宝箴，21岁中举，曾任湖南巡抚等职。陈宝箴学识渊博，能力突出，曾与曾国藩共事，常与之谈诗论文，深为曾国藩赏识，并被其称为“海内奇士也”；陈寅恪的父亲陈三立，字伯严，号散原，光绪十二年（1886）进士，著名诗人，他与谭嗣同、丁慧康和吴保初并称“晚清四公子。

陈寅恪的大哥陈衡恪，字师曾，是近代著名画家，民国初年便扬名海内外，又以篆刻、书法、诗文兼长，师曾与齐白石、鲁迅以及著名诗僧释敬安、弘一法师交往甚密，齐白石曾用“君无我不进，我无君则退”的诗句来形容其与陈师曾的交往之厚友谊之深；陈寅恪是中外闻名的文史大家，在国内外学术界享有崇高声誉，他是陈氏兄弟中的白眉。一家三代祖孙四人也因各自辉煌的成就共同载入《辞海》，分立条目，古往今来，实为罕见。

陈寅恪之父，陈三立手迹

陈家不光学堂办得好，藏书也多。据陈寅恪的侄子陈封怀回忆，他祖父藏书很丰富，其六叔在十儿岁以及后来自日本回国期间，终日埋头于浩如烟海的古籍以及佛书等，无不浏览。如此便利的教学条件，兼之家学的承受，使陈寅恪自小便打下了坚实的国学基础，眼界并扩及东西洋。

现代学人每当谈及陈寅恪的记忆力，皆佩服得五体投地。他的表弟俞大维回忆，我们这一代的普通念书的人，不过能背诵“四书”、《诗经》《左传》等书。寅恪先生则不然，他对十三经不但大部分能背诵，而且对每字必求正解。因此《皇清经解》及《续皇清经解》，成了他经常看读的书。金岳霖说寅恪先生记忆力之强，确实少见，金回忆，有一天到陈寅恪那里去，有一个学生来找他，问一个材料。他让这个学生到图书馆去借某一本书，翻到某一页，那一页的页底

1899 年，陈宝箴领诸孙及重孙合影于江西南昌。自左至右为陈方恪、陈寅恪、陈覃恪、陈宝箴、陈封可（陈衡恪子）、陈衡恪、陈隆恪。

有一个注，注里把所有你需要的材料都列举出来了，你把它抄下，按照线索去找其余的材料。前文提到的陈寅恪的学生王永兴，曾在陈寅恪身边做过三年助手。王经常为失明的老师念书，以备讲课之用。一次王永兴读《通鉴》还未到一段，陈寅恪便让他重读，王永兴仔细一看，原来是刚才读时不小心脱漏一字。在陈寅恪失明后的最后二十年，他依然凭着助手的帮助及强大的记忆力完成了两部引证浩繁的巨作《论再生缘》《柳如是别传》。

成功离不开刻苦勤奋，天才是 99% 的努力造就的，只有尽了最大努力的人才会创造奇迹。

童年时的陈寅恪便无书不读。那时，家里既无电灯，也无洋烛，只能用小油灯照明。为防家人知晓，油灯通常藏于被褥中。有时阅读爱不释手，竟至通宵达旦，以至于眼睛视力受损。

陈寅恪在德国留学期间，由于国内政局动荡，江西省教育厅的官费经常停寄，加上弟弟陈登恪自1919年北京大学文科毕业后也来到法国留学，家中对哥俩的接济更是捉襟见肘。在那段日子里，陈寅恪常常每天只买少量最便宜的面包，然后在图书馆里一泡就是一天，整日无正式进餐是常有的事。与同学去饭馆用餐，陈寅恪只点炒腰花（德国人不喜食猪内脏，所以猪内脏特别便宜）。一天，陈寅恪与俞大维请赵元任夫妇看歌剧。出人意料的是，他俩将赵氏夫妇送到剧院门口就要回去。赵氏夫妇问他俩原因，才知他俩生活拮据，只有这点钱，不够再买自己的票了，若他俩也去看，就只好吃几天干面包了。那些年在德国留学的中国人很多，但很多是去混日子，为求得一张文凭，一个学位，以便回国后谋个差事。也有少数人与众不同，他们从不参加那些无聊的活动，而是利用一切时间向教授请教，专心致志地在图书馆学习，这其中就有陈寅恪与傅斯年。因此，在德国的留学生都说他俩是“宁国府大门前的一对石狮子”。陈寅恪的侄子陈封雄回忆，寅恪叔学习外国文字的惊人能力并不是由于他有异于常人的头脑，而是凭他坚韧不拔的求知毅力。例如，1919年他在哈佛大学开始学习梵文，他的表弟俞大维同时也选修这门课，但是学了半年便畏难而退了（这是俞大维亲口说的），先叔却一直继续学了二十多年。

陈寅恪不仅读书刻苦，而且涉猎广泛。1923年2月，毛子水来到柏林。一天，他见陈寅恪正在读卡鲁扎的古英语文法。便问陈为什么下大功夫读这么一部老书，陈寅恪指出：正因为它老的缘故。事后，毛子水认为陈寅恪的话并非戏言，无论哪一种学问，都有几部好的老书。老书因为出自大家手笔，虽然过了好多年，想法和说法，

梵文教授钢和泰

都可以发人深思处。这让毛子水很是受益，多年后，提及此事，毛仍念念不忘。那时像陈寅恪这样独具慧眼，且甘坐冷板凳，扎实用功读书的人是少之又少。傅斯年指出：在柏林有两位中国留学生是我国最有希望的读书种子：一是陈寅恪，一是俞大维。

回国后的陈寅恪并不满足于国外所学，仍是好学不倦、笔耕不辍，从而使一个个新的治学高点被其攻克，始终处于学术的最前沿。他在哈佛专攻梵文两年多，又在柏林大学再修梵文五年多，这时其梵文水平在国内可谓首屈一指了。但他仍觉得还不够，在清华时，每周定要向住在北京城内的德国梵文专家钢和泰男爵研习梵文一两次，风雨无阻、雷打不动，就这样竟持续了四五年之久。

陈寅恪曾任国民政府中央研究院理事、史语所研究员及第一组主任，另外还兼任故宫博物院理事、清代档案委员会委员。为研究清史，他常乘车到大高店的军机处查阅档案。对于这些档案，他看得很仔细，遇到重要的就随手译出来。一天，他将一些难译的满文抄录下来，交给了即将回吉林老家的学生蓝孟博，并指出：这些字字典查不到，而都是关键字，若不能译，译出来的也都无用了，你回吉林，遇到懂满文的满人向他请教。当蓝孟博返回北京，将请教的八九十字的答案交给陈寅恪时，陈寅恪如获至宝，高兴极了。可惜后来陈寅恪双目失明，否则在大高店的军机处档案全译出来，他的清史研究成果必然成为中国古代学术研究的重要里程碑。

陈寅恪同许多大学者一样，不仅爱读书，还好买书。他一生嗜书如命，爱书成痴，只要是自己需要的图书，总是竭尽全力购买。

陈寅恪在美国哈佛大学读书时，尽管接济他读书的官费不多，他仍然紧缩开支，经常与同学一道去波士顿城里买书，新书买不起，就买旧书。由于其读书多，中西学问基础扎实，因此，他很会挑书，也很会砍价，在美不到半年，他的藏书已很可观了。陈寅恪还告诫一同留学的吴宓说，趁在美国时多购些西学书籍，等回国后就没有这条件了。在陈寅恪的影响下，吴宓也节省开支，与陈一起奔波于美国的旧书店。在吴宓日记中曾有这样的记载：哈佛中国学生，读书最多者，当推陈寅恪及其表弟俞君大维，两君读书多，而购书亦多。到此不及半载，而新购之书籍，已充橱盈笥，得数百卷。

1923 年，陈寅恪在德国留学期间，一天他从一家中国报纸上读到商务印书馆重印日本刻《大藏经》的书讯，立即给国内的妹妹写信指出：我前见中国报纸告白，商务印书馆重印日本刻《大藏经》出售，其预约券价约四五百元。他日恐不易得，即有，恐价亦更贵。不知何处能代我筹借一笔款，为购此书。因我现必需之书甚多，总价约万金。最要者即西藏文正续藏两部，及日本印中文正续大藏。

成功离不开良好的训练。1902 年，年仅 12 岁的陈寅恪与长兄陈衡恪乘船来到日本的弘文学院学习，差不多同时进入弘文学院学习的还有后来鼎鼎大名的大文豪鲁迅。自此陈寅恪开始了十余年的海外留

1921年，陈寅恪在德国留学时的照片。

学生涯。这期间，陈寅恪游学列国，足迹遍布东西洋。自弘文学院毕业后，1909年秋至1914年秋他先后赴德国柏林大学、瑞士苏黎世大学、法国巴黎高等政治学校就读，学习语言文学、社会经济部课程；1918年冬至1921年9月在美国哈佛大学学习梵文与巴利文，兼及印度哲学与佛学；1921年9月至1925年12月，他又由美横渡大西洋二赴德国柏林大学学习梵文及其他东方语文。

陈寅恪的留学之旅，可谓机缘奇佳、屡遇名师，受益连连、收获满满。在美国哈佛大学时，他师从的是赫赫有名的语言学大师兰曼教授；柏林大学期间，他的指导老师是在梵文、巴利文、吐鲁番出土佛教文书整理研究方面，成就斐然的吕德斯教授，以及著名语言学家缪勒、海尼斯、佛兰科三位教授；此外，他还同著名的新人文主义大师、哈佛大学比较文学系教授白璧德论过佛理，与法国著名汉学家伯希和探讨过汉学。

如此丰富的留学经历，使他视野大开，孜孜不倦的陈寅恪不仅拥有了阅读梵文、巴利文、波斯文、突厥文、西夏文、英文、法文、德文等语言的能力，而且积蓄了各方面知识，更为重要的是他掌握了西方人文科学的研究方法与治学范式。这为其日后的治学研究提供了重要的学术保障。关于陈寅恪的游学，学者钱文忠曾做出总结：

寅恪先生在此风云际会之时，禀天纵聪明，又得炙法国伯希和、美国兰曼、德国吕德斯这样不世出的大师，宜其造诣宏深。……只有本身承继了乾嘉学派优秀治学方法的寅恪先生才真正完成了西方历史语言学与中国读书须先识字传统的契然接榫，再辅以清儒不得与闻的精当理论、完善方法，自可独辟天地，遨游中外古今，无往而不利。

种花留给后来人

有趣的是，陈寅恪在哈佛大学、柏林大学等欧美名校留洋十余载，学习成绩，人人折服，其中在哈佛大学时，他与汤用彤、吴宓并称中国留学生之“哈佛三杰”，然而，他却最终没能获得一个博士或学士学位。这确实令人费解，其实，陈寅恪要获得一个学位易如反掌，他只是不屑于这样做而已。他曾就这个问题给他的侄子陈封雄解释，考博士并不难，但两三年内被一个专题束缚住，就没有时间学其他知识了。只要能学到知识，有无学位并不重要。陈封雄后来就这个事问自己的姑父俞大维，俞大维指出：他的想法是对的，所以是大学问家。我在哈佛得了博士学位，但我的学问不如他。

虽然在欧美留学多年，但陈寅恪依旧乡音未改，装扮如故。当时留洋归来的教授大多西装革履，给人以发光鉴人的感觉。而陈寅恪却迥乎不同，夏秋季常常是一身长衫、布裤、布鞋。冬季则一顶“三块瓦”皮帽，长围巾，棉袍再加羊皮马褂，棉裤扎腿带、一双厚棉鞋。再戴一副近视眼镜，完全是“三家村”里的老学究模样。每次上课，肘下夹一个布包，里面装满了讲课用的书籍和参考资料，不认识他的人还以为是琉璃厂某一书店到清华来送书的老板，哪里想到这就是扬名海内外的大学者陈寅恪。可见在陈寅恪心目中，什么吃穿打扮，那些外表光鲜的事情都是次要的，读书、治学、传道、授业才是其一生钟爱的事业。不过这身打扮也有追随者，大学者钱穆自从看到陈寅恪着长衫后，也终身长衫。

陈寅恪说，他讲课须有新意，要使学生每堂课都从中受益，才不算白讲。所讲之课已写成文章，或著书立说出版了，人人都可以看到，就没有再开这门课的必要了。如再开此课，必然会照本宣科，没有什么新意了，只会浪费大家的时间。现实中陈寅恪也是这样做的。例如他的《东晋南朝之吴语》《陶渊明之思想与清谈之关系》《〈桃花源记〉旁证》等文章发表后，就不再开设魏晋南北朝史一课了；又如其呕心沥血之作《隋唐制度渊源略论稿》和《唐代政治史述论稿》两书面世后，隋史一课也不再开设了；《元白诗笺证稿》出版后，该课程也随之取消。试想现在的老师如果讲课都能像陈寅恪一样，学生听了怎么会没有兴趣呢？可是这种教学境界背后的辛勤劳动却是常人难以企及的。

不过很多人对此不以为然，他们认为凭陈寅恪的水平讲个课还不是手到擒来的事。起初季羡林也这样认为，他说陈先生十几岁时已遍通经史，而后留学欧美诸国，专治魏晋南北朝及隋唐史和佛典翻译等不古不今、不中不西之学，一些课程已多次讲过，早已烂熟于心，哪还需要备什么课呢？但是后来看了陈寅恪书信集中“且一年以来，为清华预备功课几全费去时间精力”“在他人，一回来即

1957年，陈寅恪在家中走廊授课。

可上课，弟则非休息及预备功课数日不能上课”“因弟在此所授课有‘佛经翻译’一课，若无大藏则征引无从矣”等语句时，于是季羡林回忆起30年代初在清华听陈先生讲“佛经翻译文学”时的情景，才知自己误解了陈先生。原来陈先生对于该课虽讲过数次，但仍然耿耿于没有《大藏经》，无从征引。这时，季羡林终于明白为什么陈寅恪讲课总是充满了新材料、新知识、新观点，没想到陈先生备课如此认真。

学者王永兴对此更是深有感触。1946年至1948年陈寅恪在清华大学讲课时，王始终在陈身边做助手。王永兴说，他看到陈先生每次备课都极为认真，一丝不苟。例如讲授唐史，备课通常要使用《通鉴》《通典》《唐书》《唐会要》《唐六典》《册府元龟》多种史籍文献。前四种书是陈寅恪要听读的部分，后三种书用于查阅。陈寅恪特别重视《通鉴》，常常首先听读此书，王永兴一边一字一句地读，陈寅恪一边认真地听着，有的要反复听读几遍。《通鉴》听读完毕，陈寅恪便提出一些问题，然后由陈口授，王永兴代写。《通鉴》读毕，同样再听读《通典》《唐书》，最后陈寅恪口授，让王永兴写下类似讲课纲要或文章提要的草稿，直至草稿也修改完成，这次的备课才算结束。

1947 年，陈寅恪在清华大学新林院 52 号书房内。

作为历史学家，陈寅恪研究历史，最重要的是要根据史籍或其他资料以证明史实，认识史实，对该史实而有新的理解，或新的看法，这就是史学与史识的表现。人家研究理科的，是分秒不差的。而他的文史研究，是年、月、日不差。“以诗证史”真正大量付诸实践的，陈寅恪是第一人。他指出：诗若不是有两个意思，便不是好诗。因为中国诗与外国诗有很大不同，中国诗中多具备时、地、人等特点，这些都是重要的史料，可用来研究历史并弥补历史书籍之缺。他非常重视“以诗证史”这项工作，经常根据自己的研究课题，搜集当时文人的应酬之作，包括诗、词、赋、文、史及尺牍等，逐篇研究这些资料的真实性、时间性、地方性，从中找出线索，去证实某一历史事实的前因后果、来龙去脉。例如在《柳如是别传》中，他从他搜集的许多当时文人的作品中发现了大量“复明”运动的信息，由此证明郑成功的“复明”运动并不是孤立的，代表了当时很多仁人志士的心声。

陈寅恪一生最大的愿望就是著述《中国通史》《中国历史的教训》两书，可惜由于身体多病，双目失明，这一夙愿没有完成。屋漏偏逢连夜雨，雪上加霜的是在抗战爆发后的逃难途中，又遭到了前所未有的重大学术损失——“廿年来所拟著述而未成之稿，悉在安南遗失”。原来陈寅恪读书有个习惯，每有新发现、新体会及对比校勘等内容，常以文字的形式批注于书眉及行间空白处，他的论文、著作均是就这样的文字整理而成。因此，他对这类藏书视若至宝。抗战爆发后，陈寅恪举家逃离北平，南下长沙，后逃难到香港。1938 年，陈寅恪决定孤身一人前往西南联大任教。在这次转移中他把那些批注最多最为重要的书籍，用最好的箱子装载，以避免遗失。不料事与愿违，这反而引起了窃贼的注意，以致两箱书在转运途中被窃贼以砖头调包。这其中就有《世说新语注》《蒙古源流注》《五代史记注》等批注资料，另有文稿、拓本、照片等多宗。廿余年的辛勤耕耘毁于一旦，但陈寅恪并未因此而萎靡不振，不久他即致函陈述、劳榦先生借书，认真备课，继续潜心著述。

陈寅恪的两部中古史名作《唐代政治史述论稿》《隋唐制度渊源略论稿》便是在几乎没有参考书籍的情况下完成的。关于这两部扛鼎之作的创作细节，至今仍为后人所传颂。在四川李庄的时候，时任中研院史语所所长的傅斯年对陈寅恪的生活起居非常关心，他特意安排学生邓广铭住陈楼下，并说陈先生如果有什么事，只要一跺脚，你就立马跑上去。一次，邓广铭闻声飞奔楼上，只见陈先生躺在床上呻吟，说身体不行了，就要坚持不住了，快要死了。但是他又说，我不写完这两稿，决不死。

在抗战的大后方，陈寅恪的家庭生活非常艰难，加上不分黑白的学术研究，又缺乏体育锻炼，使得陈寅恪的身体每况愈下，但陈却不以为苦，仍然顽强地坚持着他的学术研究。家人只好想方设法为其补充点营养。据陈寅恪的女儿回忆，那时她还放羊，为什么放羊呢，因为实在没有营养，只好买一只母羊，生了小羊，可以给父亲挤一点奶。那时候父亲还能看得见，带着我出去散步，在路上他还问我，羊喜欢吃什么，羊的脾气是怎样的，一只邻居的狗在前面引路，他问为什么狗要在那儿撒尿做记号啊？说这些的时候他都挺开心的。1944 年 12 月 12 日的清晨，陈寅恪的唐代三稿中的最后一稿《元白诗笺证稿》终于基本完成。但就在这时，他痛苦地发现，他的左眼也看不清了。他赶紧叫女儿去通知学生，今天不能上课了。

一代硕儒，声名远播

陈寅恪的学术研究成果得到社会各界的认可与尊重。1939 年春，英国皇家学会授予陈寅恪研究员的职称，同时，英国牛津大学正式聘请陈寅恪为该校汉学教授。据载，陈寅恪是牛津大学成立三百余年来被聘请的第一位中国人专职教授。陈寅恪曾两次辞谢该校的延聘，但牛津大学数年一直虚席以待，因为，他们认为陈寅恪是当时“最优秀的中国学者”。后来陈寅恪为了赴英治疗眼疾，才接受聘书。关于此事，今圣叹（笔名）曾撰文指出：先生在战时应牛津之特聘，主讲东方汉学，全欧汉学家云集于奥格司佛城。女史学家陈衡哲指出：欧美任何汉学家，除伯希和、斯文赫定、沙畹等极少数人外，鲜有能听得懂寅恪先生之讲者。不过陈寅恪接受牛津特别讲座之荣誉聘请，至少可以使今日欧美认识汉学有什么样的深度，亦大有益于世界学术界也。遗憾的是，此次因欧战爆发而未成行。

1944 年，经英国的三位院士联名推荐，陈寅恪当选为英国科学院通讯院士。当时英方推荐他的依据即为分别发表于中央研究院历

中山大学著名的“陈寅恪小道”

史语言研究所集刊上的《支愍度学说考》《天师道与滨海地域之关系》《东晋南朝之吴语》等文章。

1942年，陈寅恪与李四光、吴宓等三十人被国民政府教育部聘为首批部聘教授。根据1941年6月3日南京国民政府教育部颁行的《部聘教授办法》十条，规定：在大学任教十年以上，声誉卓著，具有特殊贡献的教授，经审议会三分之二以上通过，可为部聘教授。任期五年，可续聘。可以说，部聘教授是当时中国教育界的最高荣誉。

在中山大学陈寅恪故居门前有一条白色的小路，那是陶铸因陈寅恪目盲腿残，残存的视力只能微弱地辨别白色，为保障陈寅恪

1962年6月，陈寅恪腿部骨折后，经过几年疗治，1965年在工人扶掖下终于站起来了。

在工作之余散步时不会因看不见脚下的路而跌倒，所特意修建的。1949年以后，周恩来总理曾派专人到广州去看望陈寅恪，转达党和国家对他的关怀。后陈的腿摔断后，周总理曾亲自过问医院的治疗方案。此外，陈毅、周扬、胡乔木等人也多次到广州看望陈寅恪，并同他探讨文史学问题。

胡适

胡适（1891—1962）

大师睿语

至于读书的方法我已经讲了十多年，不过在目前我觉到读书全凭先养成好读书的习惯。读书无捷径，是没有什么简便省力的方法可言的。读书的习惯可分为三点：一是勤，二是慎，三是谦。

从今天起，每天写一首我能背诵的好诗，不论长短，不分时代先后，不问体裁。一年之后，这些诗可以印作一本诗选，叫作《每天一首诗》

“如今我们回来了，你们看便不同了”

1917 年 9 月，北京大学来了一位 26 岁的教授，他就是后来被李敖誉为“东风”的胡适。这位来自美国哥伦比亚大学的博士，一来便在北京的少年中国学会筹备会演讲时引用荷马的诗句向国人宣告：如今我们回来了，你们看便不同了！

正如胡适自己所言，意气风发、志得意满的年轻教授，随后做出的一系列“动作”的确令国人刮目相看。在北大，胡适教的是英文学、英文修辞学和中国古代哲学三门课程，其中英文课对在美国留学 7 年的胡适来说，已是驾轻就熟、易如反掌，而中国古代哲学这门课的教法，却“颇受争议”。原来在胡适之前讲中国哲学课的是陈黻宸等名儒，陈教授讲中国古代哲学，从伏羲讲起，讲了一个学期才讲到周公，有人问他，照此下去这门课何时才能讲完，他的回答颇有哲学味道，他认为，无所谓讲完讲不完，若说讲完，一句话可以讲完。若说讲不完，那就永远讲不完。

胡博士一上台便打破常规，按自己的研究观点，用《诗经》作时代说明，直接从周宣王讲起。三皇五帝没了，唐虞、夏、商也找不到了，把一班人充满着三皇五帝的脑筋，骤然作一个重大的打击……胡适的讲法立刻引起轩然大波，有的主张将这个博士赶走。那时候北大的学生皆学有根底，见哪个教授不行，就叫他“下课”，当时叫“赶教授”。曾经有个教《文心雕龙》的朱蓬仙教授就是因为教得漏洞百出，而被学生赶走了。也有同学对这一与众不同的讲法感到新颖，同堂听课的顾颉刚说，他觉得胡适讲的虽是哲学，不啻讲的史学，更不啻讲的是治史学的方法。他用实验主义的态度讲学问，处处是出我意外，入我意中。但他也不十分肯定，于是同学们把以博学、敢言著称的傅斯年喊来，以做进一步裁断。傅斯年听后对同学们承认：这个人书虽然读得不多，但他走的这一条路是对的。你们不能闹。一场风波就此平息下去。不想被胡适所折服的傅斯年，此后居然成了胡适家中的常客，傅一边向胡适请教学问，一边与之纵论时局，从此开始了他们 30 多年亦师亦友的交往。

胡适的新式治学方法，不但没有让那些思想保守的师生看了笑话，反而逐渐为广大师生所认可，从此在北大站稳了脚跟。

胡适不仅治学方法新颖，其教学技巧也是与众不同。课堂上的胡适注重良好学习氛围的营造，讲起课来字正腔圆，考据博洽，还带上许多幽默，弄得人人叫好，个个满意。曹建在回忆胡适讲授逻辑课的情形时，他第一次见到先生是在他上逻辑的时候……先生授课时既不像徐先生（徐炳昶）那样老是坐着讲，又不像梁先生（梁漱溟）站在讲台桌的角边，是端端正正站在讲桌的左边。当他说明逻辑功能时，用双手把他的蓝布大褂的腰身往后一拢，随着两脚跟向上一站，同时伸出右手望空中抓了一大把又迅速地回转身子在黑板上边说边写“拿证据来！”四个字。唐德刚也说过，胡适循循善诱，诲人不倦，经常见他与学生一起切磋研究，教学相长，上胡适的课，

胡适（右一）与北京大学部分文科教授

真有其乐融融、如沐春风之感。试想这样专心投入、不拘一格的老师能不得到学生的喜欢和拥戴吗？！胡适在北大红楼讲“宋朝理学的源流”时，能装500人的大讲堂座无虚席，连讲台上也有席地而坐者，听课人之多，大有挤破墙壁、掀掉屋顶之势。徐志摩曾这样赞美胡适：“你踞坐在荣名的顶巅，有千万人迎着你鼓掌！”

推行白话文，倡导文学革命

谈到胡适的学术成就及贡献，莫过于他提倡的文学革命及其实践活动。胡适在文学革命方面居功甚伟，1917 年 1 月，胡适的《文学改良刍议》在《新青年》发表，提出了著名的“八不主义”，这篇文章被后人公认为“文学革命的宣言”，文学革命由此而开端。1918 年 4 月，胡适又在《新青年》上发表了《建设的文学革命论》，提出了“国语的文学，文学的国语”。同时他又是勇于探索实践的先行者之一，他尝试着用白话文进行各种文体创作，取得了令人瞩目的文化成就：他的作品《尝试集》是中国新文学初期的第一部白话诗集；中国第一部白话翻译外国文学作品集《短篇小说》也是由他所译；此外，他又是戏剧改良的第一人，他创作的白话戏剧《终身大事》，被视为中国话剧的开山之作。陈独秀曾对胡适倡导文学革命的历史贡献做过高度评价：文学革命之气运，酝酿已非一日，其首举义旗之急先锋，则为吾友胡适。

与此同时，社会上的反对声音也是一浪高过一浪，反对者中不乏林纾、章太炎、黄侃、梅光迪、章士钊等这样声名显赫的大学者。

一次，胡适将自己的新作《中国哲学史大纲》（上卷）寄给章太炎。为表示对章太炎的敬仰，胡在该书的扉页上恭恭敬敬地写上“太炎先生指谬胡适敬赠”，并依新式标点符号在“太炎”“胡适”四字旁各打一黑线。章太炎不懂新式标点，大骂胡适。但看到落款的“胡适”两字旁也有黑线，方才作罢。

黄侃总是不失时机地利用各种场合讽刺胡适，即便在课堂上也是如此。一次，黄侃对学生说到文言文的各种优点，并举例说，如胡适的太太死了，他的家人电报必云：你的太太死了！赶快回来啊！多达 11 字。而文言则仅需 4 字——“妻丧速归”，同时电报费也省了三分之二。

对此，胡适也针锋相对做出了令人拍案叫绝的回击。有一次，胡适也同样在课堂上给学生列出了白话文的一系列好处，有位同学不服气地问：“胡先生，难道说白话文就没有缺点吗？”胡适微笑道：“没有的。”学生不信，便以黄侃的电报论进行反驳，胡适也拿出了实例给出反证。胡适说前几天，他曾用白话文复电拒绝了请他做行政院秘书的邀请，非常简洁省钱。同学们如有兴趣，可代他拟一份文言文回复电文，看看到底是哪一种简洁省钱？同学们纷纷拟稿，最后胡适从中挑出一份最简练的电文，其内容是“才学疏浅，恐难胜任，不堪从命”。胡适说，这份电稿仅 12 个字，算是言简意赅，但还是太长了。我用白话文只需 5 个字：干不了，谢谢。同学们听后都颔首称赞。以上可见当时“文白”之争的激烈程度。

然而争论归争论，白话文的广泛应用毕竟是大势所趋，白话文学取代文言文学也是社会发展的必然结果。1920年，北洋政府教育部明令规定，小学教材陆续采用白话新课本，白话文开始风行全国，胡适的白话革命大获成功。

推行白话文，倡导文学革命，胡适功莫大焉。根据鲁迅的说法，正是胡适首先倡导文学革命，引导中国人将“无声的中国”变成了“有声的中国”。

自称有“考据癖”的考据大家

胡适说他自己有点“考据癖”。其实，早在赴美留学考试的时候，他的考据文章已初露锋芒。留美考试分两场，第一场考的是国文和英文，及格者才能考第二场的各种科学。胡适看到国文试题为《不以规矩不能成方圆说》，认为这个题目不易发挥，于是就展开想象作了一篇乱谈考据的文章。作完之后连胡适也觉得该考据纯属异想天开，可没想到，当时阅卷的先生也是个考据学爱好者，看完文章后，不但大加赞赏，还给了100分。这样第一场考试胡适便名列第十名。尽管在第二场考试中胡适均发挥得不如意，但他还是因国文考试的高分占了大便宜，以第55名（总共出洋名额70名），取得了留美的资格。

胡适在学术上的另一重要贡献是提出了“大胆的假设，小心的求证”的治学方法。他把在杜威处学得的实验主义的方法引入国内，并广泛运用于对古典小说和古代典籍的考证中。据统计，自1917年到1962年，这期间他写的有关中国古典小说如《三国演义》《水浒传》《西游记》等的考证文字达 45 万字之多。胡适考证古典小说用力最多，成就最大的是对《红楼梦》的考证。他提出的《红楼梦》是曹雪芹自叙传的观点，如一声惊雷，打破了之前种种穿凿附会的《红楼梦》迷雾，给人以耳目一新之感。胡适的《红楼梦》考证不仅可以说是新红学的开山之作，也可以说开创了红学的新纪元。胡适对《水经注》的研究也是颇见功力，光用夹子夹着的《水经注》研究的稿子就有数十夹，他曾得意地指着那些研究稿对梁实秋说，这是赵一清的说法，这是全祖望的说法，剩下的是他自己的结论。胡适也曾为考证一个和尚的墓碑，写了 8000 多字的《庐山游记》登在《新月》上。胡适曾因此引起很多人的误解，一位称作常燕生的先生说胡适花费了这么多的精力研究《红楼梦》，不过是证明《红楼梦》是记述曹雪芹一家的私事而已，他又说胡适整天花那么多时间考证这考证那，对国人又有什么益处呢？他甚至批评胡适近于玩物丧志。胡适听说后解释，他为什么要考证《红楼梦》？在消极方面，要教人怀疑王梦阮、徐柳泉一班人的谬说。在积极方面，要教人一个思想学问的方法。要教人疑而后信、考而后信，有充分证据而后信。为什么要替《水浒传》作五万字的考证？为什么要替庐山一个塔作四千字的考证？我要教人知道学问是平等的，思想是一贯的，肯疑问佛陀耶舍究竟到过庐山没有的人，方才肯疑问夏禹是神是人。有了不肯放过一个塔的真伪的思想习惯，方才敢疑上帝的有无。胡适的这种治学态度令人敬佩。

关于胡适的治学观点也有持不同意见的学者，冯友兰曾指出：适之先生的病痛，只是过于好奇和自信。他常以为古人所看不出的，他可以看得出；古人所不注意的，他可以注意。所以他常抬出古人所公认为不重要的人物来大吹大擂，而于古人所公认为重要的，则反对之漠然。这是不对的，因为人的眼光不能相去那样的远啊！

最好的上卷书作者

胡适少年时，梁启超的文章对其影响极深。他最爱读梁氏的《论中国学术思想变迁之大势》，由于梁氏的这部著作没有全部完成便已流传于世，因此报纸上连载几期后，便没有了下文，急得胡适干等了好几年。失望之余，胡适萌发了做中国学术思想史的计划，他说，这一点野心，就是他后来做中国哲学史的种子。胡适没有食言，1919年2月，胡适的《中国哲学史大纲》（上）由上海商务印书馆正式出版，该书是在他的博士论文《中国古代哲学方法之进化史》的基础上增扩而成。胡适曾自豪地说："中国治哲学史，我是开山的人。"蔡元培亲自为这部书作序，并从"证明的方法""扼要的手段""平等的眼光""系统的研究"四个方面对该书作高度评价，称胡适了解古书的眼光不让于清代乾嘉学者。冯友兰也说该书对于中国哲学史研究有"扫除障碍、开辟道路"的功用，对以往爬了半年才望见周公的人，见了这个新手段，无不觉得面目一新，精神为之一爽。由于采用全新的治学观点与方法加上蔡元培重磅推荐，这部书一面世便轰动整个学术界，一时成为学人争相购买的畅销书。不仅北京大学的学生几乎人手一册，即使远在四川，也是购者争先，瞬息即罄。与此同时，这部书也是一版再版，三年后竟出到了第七版。

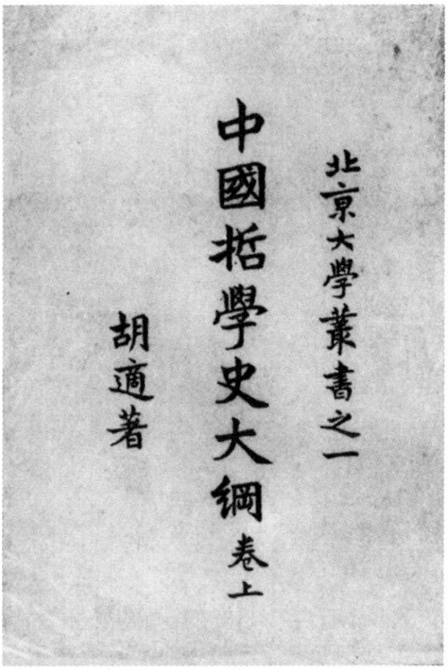

胡适著《中国哲学史大纲》（卷上）初版书影

可能由于太忙或其他原因，胡适的几部重量级著作都只完成了上半部，《中国哲学史大纲》如此，《白话文学史》也只写了上半部。以至于胡适给人留下了“半部先生”的印象。林语堂说胡适平日太忙，场合太多，故耽误了写作，所以他称胡适为“最好的上卷书作者”。梁实秋则直言胡适名气太大，即使出游，也被慕名而来的人包围，难以有闲暇时间。黄侃则趁机调侃胡适，并引经据典地说，昔日谢灵运为秘书监，今日胡适可谓著作监矣。听者问其何出此言，黄侃指出：监者，太监也。太监者，下面没有了也。而梁漱溟则直接毫不客气地说，胡适的缺陷是不能深入，他写的《中国哲学史大纲》没有下卷，是因为他对佛教找不见门径，对佛教的禅宗就更无法动笔，只得做一些考证；他想从佛法上研究，但著名的六祖慧能不识字，在寺里砍柴、舂米，是个卖力气的人，禅宗不立语言文字，胡先生对此就无办法。

受惠于讲书

胡适学识极为渊博，上至最玄妙的佛学，下至一些补药的配制成分。他博览群书，柴霍甫的短篇小说，他译过一部分；中国诗词，他编过《词选》；初期中国哲学，他写过一本论述；佛家教义，他时常提供一鳞半爪；如此等，说也说不尽。胡适不仅读书多，而且记忆力超群。1934 年，罗尔纲将写成的《水浒传与天地会》论文拿给胡适看。胡看完后，带罗尔纲来到书架前，随手将架中的那套《大清律例》取下来，将夹有蓝纸条的一页打开，然后指出一条史料叫罗尔纲加到论文中去，并说这条康熙年间颁布的严禁异性歃血结拜的律例，可以作为天地会成立于康熙初年的更为有利的证明。没想到这条资料还真受用，几十年都推翻不了。直到 70 年代，台湾学者根据新发现的资料彻底证实。罗尔纲不禁为之叫绝。

胡适作为一代学人，他是如何读书治学的？是如何把读书、治学与做人连在一起的？自 20 世纪 20 年代，这些问题便成为学子们好奇的话题。

说起读书，胡适在《四十自述》中说，他一生最得力的是讲书，父亲母亲为我讲方字，两位先生为我讲书。为了把胡适培养成才，父亲胡传在胡适不满 3 岁时便开始教他认字。那些红纸方字都是昔日父亲教母亲时亲笔所书，认字时一般由父亲来主讲，母亲当助教，父亲忙时，母亲便代理教师。就这样边读边讲，不知不觉胡适已认得了 700 多字。可是好景不长，在胡适 3 岁时，父亲胡传便溘然长逝。父亲临终前曾有遗言：穈儿天资颇聪明，应该令他读书。这时胡适的母亲冯顺弟年仅 23 岁，为了完成丈夫的遗愿，她不仅早早地把胡适送到蒙馆去读书，而且还给了胡适一个受益一生、难以忘怀的大“恩惠”。

是什么“恩惠”让胡适如此难忘呢？原来昔日胡适家乡蒙馆的学金都很低，一般一个学生每年的学金只有 2 块银元。先生教这样的学生，自然缺乏耐心，只是教他们“念死书，背死书”，至于文

胡适的父亲胡传

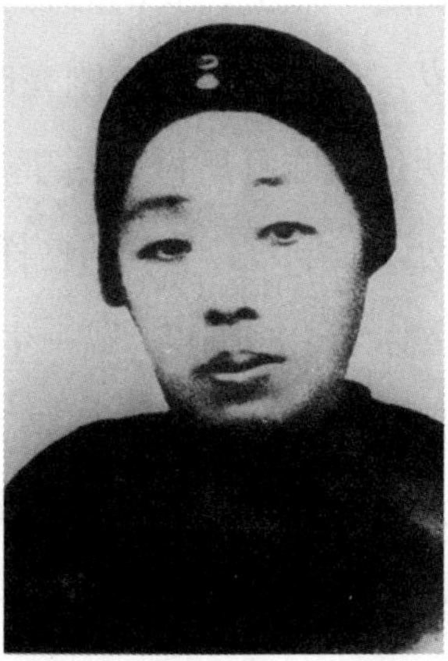

胡适的母亲冯顺弟

中的意思则从来不讲。这类讲法初读有韵的书，学生还有兴趣，但再学《幼学琼林》《四书》一类书时，学生们便有枯燥无味之感，因为书中讲的什么全然不知道，以致学生中厌学、逃学的不乏其人。胡适曾喻此法为全无用处。胡适的母亲为了让儿子能读好书，便主动提高学金，别人每年学金 2 块银元，他家第一年就送 6 块银元，而且逐年增加，最后一年竟加到12元。当然，条件是先生要为胡适“讲书”。即每读一字，须讲一字的意思；每读一句，须讲一句的意思。这一招对已有识字根底的胡适还真灵验，当别的同学还在读《幼学琼林》大字课文时，他已深入到读小字夹注了，不知不觉，胡适的学识大有长进。一次同学问胡适“父亲大人膝下”是什么意思，这让胡适很纳闷。因为这位同学已读过“四书”了，应该能够明白这句话的意思。就这样，母亲的良苦用心很快使胡适成为同学中的佼佼者。

胡适的母亲不仅大力支持儿子读书，还教给他如何做人。胡适说：“在这一点上，我的恩师就是我的慈母。”胡适读蒙馆时，尚不足 4 岁，母亲常常在天刚亮时，便把小胡适叫醒，然后告诫披衣而坐的胡适，昨日所做的错事与说的错话，并令儿子认错改正，要努力用功读书学习，学习的榜样就是胡适的父亲。胡适母亲说：“你总要踏上你老子的脚步。我一生只晓得这一个完全的人，你要学他，不要跌他的股。”（跌股便是丢脸，出丑）母亲“慈母兼任严父”的教诲，对胡适影响很深。1904 年，为学得更多知识，胡适结束 9 年的家乡学习，随三哥赴上海求学，那时胡适只有 12 岁，母亲强作欢笑为儿送行的样子令胡适终身难忘，孤零零的一个小孩子，所有的防身之具只是一个慈母的爱，一点点用功的习惯，和一点点怀疑的倾向。

胡适晚年谈起做学问尤其是做国学类学问时指出：每一部大书都摸过，以后知道要什么材料，才知道向什么地方找。先要把自己这一行的各种类书、字典、辞典收购起来，成了一个小小的图书馆。这是要紧的工作。像历代帝王的年代，汉武帝、武则天都有许多年号，从前都是硬记的。历代帝王的年号，我可以记得百分之九十五六，哪一年号在哪一个世纪也要记住……

胡适之所以取得那么多成就，与他的大量阅读密不可分。正如胡适父亲所讲，胡适天资聪颖，也确实是块读书的好料。9 岁时，一次偶然的机会，胡适在四叔家读到了一本《水浒传》，此书虽是残本，他依然读得如醉如痴。从此，胡适一发而不可收，到处向亲朋好友借书看，短短几年时间胡适便已阅读了《水浒传》《聊斋志异》等 30 多部小说。

1904 年，胡适随三哥到上海求学。当时宿舍条件简陋得连张桌子也没有，胡适就将蜡烛放在床架上，然后趴在床上，将石板放在枕头上，以石板当桌子来读书学习。夜以继日的读书学习差点让他的耳朵聋了，幸亏他及时锻炼身体，才又逐渐康复。

在中国公学时，胡适常到旧书店买书来读，并在所抽香烟中的画片上标明书名、购买日期、限几日读完等，然后放在桌上，时刻提醒自己。他从不浪费时间，即使周末与朋友吃饭、听戏，也必定在回来后挑灯夜读，把损失的时间找回来。

太平洋战争爆发前，北平图书馆有数百部善本书运至美国国会

1959年，胡适在校书。

图书馆代为保管。美方高度重视，特请中国大使胡适，并派大员相陪，同往书库察看。谁知这个胡大使爱书成癖，一进书库，便情不自禁、旁若无人地读起书来。这下可苦了那些与善本无缘的陪同人员，在苦等了个把小时后，过足了书瘾的胡大使才笑嘻嘻地从书库中走出来，随后又津津有味地与大员们谈起这些善本的经纬来。

晚年的胡适读书更是到了不要命的地步。去世的前一年，他突发心脏病，经医生及时抢救才保住了性命。第二天，其助手胡颂平去病房看他，只见刚从死亡线逃回来的胡适竟看起报来，胡颂平赶紧夺下了报纸。而胡适却有些不高兴，认为这是剥夺了他的自由，并对他的主治医生说，我是有看书习惯的人，看书不吃力的。请你跟院长商量商量，让我看些轻松的东西。

知识改变命运，阅读改变人生。大量的阅读，对胡适的人生轨迹也产生了很大影响。胡适在《四十自述》中回忆童年时读《水浒传》《红楼梦》《儒林外史》等书时说，其一大好处就是帮他把文字弄通顺了，同时又不知不觉之中得了不少白话散文的训练，在十几年后于他很有用处。

大约在 11 岁时，胡适读到司马光《资治通鉴》中关于范缜反对佛教的一段话：形者神之质，神者形之用也。神之于形，犹利之于刀。未闻刀没而利存，岂容形亡而神在哉？意思是说形与神的关系就像刀子和刀口的锋利一样，刀子没有了，自然也没有刀子的“快”了；那么，形体没有了，还能有神魂吗！胡适看后，顿时茅塞顿开，就像换了个人似的，从此不再相信鬼神，慢慢变成了一个无神论者。胡适曾感慨，估计连司马光也没想到八百年后这三十五个字竟感悟了一个 12 岁的小孩子，竟影响了他一生的思想。

严复译的《天演论》出版后不久，便风行全国。胡适在上海澄衷学堂学习时，初读到此书时也是“高兴的很”。那时，“优胜劣败，适者生存”等思想，就像野火一样延烧着许多年轻人的心和血。一时间“天演”“物竞”“淘汰”“天择”等词汇成了人们取名的热词。什么孙竞存、杨天择之类的名字，比比皆是。这时胡适也按捺不住，竟参考“物竞天择适者生存”中的“适”字，将名字改为胡适之。

后来，胡适又读到梁启超的文章，他读后指出：我们在那个时代读这样的文字，没有一个人不受他的震荡感动的。

人的一生很难有一帆风顺的，各种各样的挫折和打击总会不期而至。胡适也一样，在他的学习历程中也有过一段迷茫沉沦的经历。

1908 年，因中国公学发生内部冲突，多数同学退出中国公学，组建新的中国公学，胡适便在新中国公学任英文教员，但新公学仅维持了一年多，便因资金短缺而解散。这时感觉前途迷茫的胡适，只好寄居上海，天天与一班浪漫朋友，不是喝酒，就是打牌，渐渐

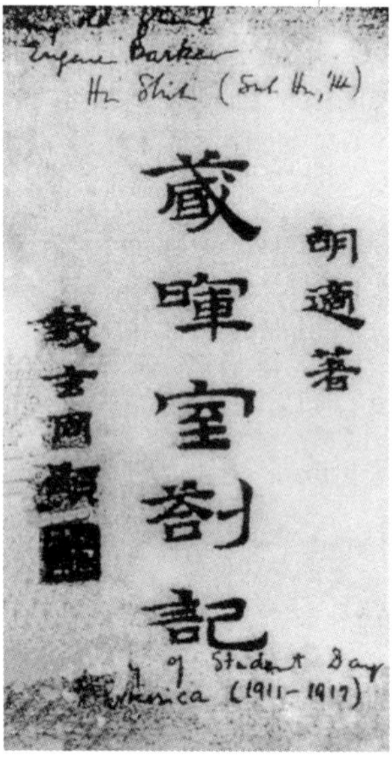

钱玄同题《藏晖室札记》书影

堕落起来。胡适后来回忆，当时打牌不赌钱，谁赢谁请吃雅叙园。这一班人都能喝酒，每人面前摆一大壶，自斟自饮。从打牌到喝酒，从喝酒又到叫局，从叫局到吃花酒，不到两个月，他都学会了。幸而大家都没有钱，所以都只能玩一点穷开心的玩意儿：赌博到吃馆子为止，逛窑子到吃镶边的花酒或打一场合股份的牌为止。有时候，我们也同去看戏……我那几个月之中真是在昏天黑地里胡混。有时候，整夜打牌；有时候，连日的大醉。

就这样一个才华初显的青年才子很快变成了上海滩的浪荡子。直到有一天胡适自巡捕房醒来，只见自己光着一只脚，脸上也带着伤，浑身泥湿不堪，原来是头一晚喝得酩酊大醉，竟然将巡捕打了一顿，最后被拘巡捕房。没想到自己竟然颓费到如此地步。这时胡适想起“天生我材必有用”的诗句，回忆起母亲的嘱托，寄予的厚望，一时懊悔不已。于是决心痛改前非，闭门读书。功夫不负有心人，不久胡适考取了第二期“庚款”留美官费生。

没想到在美国胡适又在专业选择上栽了一个跟头，差点让苹果难倒。胡适初到美国康奈尔大学留学时，在选择专业时因受国人实业救国思想的影响，其二哥意在让其选择铁路工程或矿冶工程专业。胡适本对技术类科学不感兴趣，但最终还是进入了康奈尔大学农学

1910 年，胡适（中排左一）在康奈尔大学。

院学习农科。对此胡适曾赋诗告之朋友，我初来此邦，所志在耕种。文章真小技，救国不中用。带来千卷书，一一尽分送。种菜与种树，往往来入梦。初学农学课时，胡适还能应付，各项成绩也都尚可。但不久的一次果树课实习，让他彻底放弃了农学专业。那次实习的内容是，每位同学分得 30 或 35 个苹果，然后按照教科书上各种苹果的特点，包括果脐的大小、茎的长短、果皮的颜色等一一分类。这对美国的学生来说简直太容易了，他们对这种常见水果的特点，早已耳熟能详，所以很快便完成实习，扬长而去。但这对胡适等中国学生来说却是个难题，这些苹果平时都难得一见，更不用说将这么多不同种类的苹果进行分类，结果费了九牛二虎之力，还是错误百出。对此胡适曾感慨说，他勉力学农，是否已铸成大错呢？他对这些课程基本上是没有兴趣；而他早年所学，对这些课程也派不到丝毫用场；它与他自信有天分有兴趣的各方面，也背道而驰……自此，胡适对自己的兴趣及爱好进行了重新审视，他认为自己不是学农的料，再说报国也不是非学农一条路，于是 1912 年初，胡适由农学院

1910年8月，胡适（三排左一）与同期赴美的同学合影。

转到文理学院，1915年又入哥伦比亚大学，师从哲学家杜威，接受杜威的实用主义哲学，并一生服膺，终成为著名思想家、历史学家、哲学家。

“平生不解藏人善，到处逢人说项斯”

胡适生性好客，来者不拒，见者必谈，任何小题目，都能谈得丝丝入扣，来谈者皆有交谈片刻，如沐春风之感。这种“磁性人格”加上渊博的知识，使胡适桃李满天下，其中不乏饶毓泰、吴健雄、罗尔纲这样的顶尖级人物。

在胡适家中居住五年，深受胡适泽惠的罗尔纲曾一往情深地写下《师门五年记》，记录了他在胡适家中的感人经历。罗尔纲说他在胡适家中居住，名义上是给胡适的两个儿子做家庭教师，另兼整理胡适父亲的遗作，其实还有更深一层的意思，那就是胡适欲解决他的生计问题。在胡家罗尔纲没有感到胡适丝毫的名人架子，感受最多的是胡适在生活上和人格方面对自己的关心和爱心。罗尔纲在文中还有这样一段记载：他还不曾见过如此的一个厚德君子之风，抱热诚以鼓舞人，怀谦虚以礼下人，存慈爱以体恤人；使他置身其中，感觉到一种奋发的、淳厚的有如融融的春日般的安慰。

罗尔纲能成为著名的太平天国史专家、考据学家。与胡适倾心指导密不可分。罗尔纲感慨，适之师教训他常常如此的严切。他的严切，不同夏日那样可怕，却好比煦煦的春阳一样有着一种使人启迪自新的生意，教人感动，教人奋发。

“平生不解藏人善，到处逢人说项斯。”胡适爱才、惜才，善于激励青年人，乐意做青年人的朋友。他常借用易卜生的名言鼓励青年人：最要紧的事情，就是把你自己铸造成器。历史学家黎东方回忆胡适认为他健谈，善笑。有时候，他也会生气……他气了不到半分钟，话锋便转到愉快的题目。他是一个真诚而纯挚的学者，同时也是一个极民主而平民化的大师。人之有善，若己有之这八个字，他当之无愧。他见到肯用功的后生小子，完全看作平辈一样，一本正经地如切如磋，虚心讨论。讨论之余，他又主动地设法帮助这些后生小子。胡适这种特有的亲和力使其身边聚集了大批追求进步的青年学子，他们经胡适提携和培植多成为名扬天下的专家学者。其中就有林语堂、沈从文、俞平伯等。

1919 年，林语堂赴美国哈佛大学学习，不料在美国学习期间，官费突然停寄，而家中也无力支付此款。无奈林语堂试着向古道热肠的胡适发电报求助，电报内容：能否由尊兄作保向他人借贷 1000 美元，待我学成归国偿还。这笔款子林本来没抱多大希望，意想不到的是不久林语堂便收到了胡适的汇款，并得知这笔款是北京大学给林语堂的工资“预支款”，即希望林语堂回国后，定要到北京大学工作。1922 年，林语堂由美国哈佛大学文学院毕业后，又来到德国莱比锡大学攻读语言学博士学位，期间又遇到经费困难。林语堂只好再次给胡适写信，请胡适到北京大学为其预支 1000 美元，不久，林语堂便收到了来自胡适的汇款。林语堂学成回国后，第一件事就是来到北京大学校长蒋梦麟处当面致谢。蒋梦麟诧异地说：“什么2000块钱？”这时林语堂才明白，原来收到的“预支款”都是胡适为了林语堂成才，为北大招揽人才，东拼西凑自掏腰包而来。

胡适不拘一格降人才，破格延聘只念过小学当过大兵的沈从文为中国公学教师的故事，至今还为人传颂。1929年9月，经徐志摩推荐，沈从文来到胡适任校长的中国公学，主讲“新文学研究”和“小说习作”两门课程。虽然讲课前沈从文做了充分准备，但由于没有经过专业培训，讲课还是弄出了笑话。第一次上讲台的沈从文由于紧张，脑子一片空白，足足10分钟，说不出一句话……最后只得在黑板上写下：我第一次上课，见你们人多，怕了。胡适知道这一幕后，却指出：上课讲不出话来，学生不轰他，这就是成功。胡适知道沈从文是一位经历丰富、才华横溢的小说家，其丰富的创作经验正是当时学生所必须具备的。果不出胡适所料，沈从文在随后的讲课中凭借其丰富的创作经验，讲课内容常常独出机杼，令学生耳目一新，渐渐赢得了学生的信任和好评。同在这一时期，沈从文为教学，用不同艺术手法，完成了许多不同生活题材的作品，在艺术上作了多方面的探求，也成为其在中国公学的一大收获。

胡适就是这样，他不但自己一生沉醉在读书的快乐，找书的快乐，做研究的快乐，求证据的快乐，求真理的快乐之中，还总是能急人所急，为别人的读书治学锦上添花或雪中送炭。

张恨水

张恨水（1895—1967）

大师睿语

我又不能光写而不加油，因之在登床以后，我又必拥被看一两点钟书。看的书很拉杂，文艺的，哲学的，社会科学的，我都翻翻。还有几本长期订的杂志，也都看看。我所以不被时代抛得太远，就是这点加油的工作不错，否则我永远落在民十以前的文艺思想圈子里，就不能不如朱庆余发问的话，画眉深浅入时无了。

自小便是个“小说迷”

在中国现代文学史上，张恨水堪称超级“职业写家”，他在50年的写作生涯中共创作了约3000万字的作品，其中中长篇小说就达100多种，约2000万字，故时人称他为“文字机器”。他写的章回体小说如《春明外史》《金粉世家》《啼笑因缘》等，一问世便风靡全国，畅销不衰。茅盾指出：在近三十年来，运用章回体而能善为扬弃，使章回体延续了新生命的，应当首推张恨水先生。老舍称赞张恨水是“国内唯一的妇孺皆知的老作家”。

出人意料的是，文质彬彬的张恨水出生于一个武官世家。据说，他的祖父张开甲曾做过参将，武术精湛，十几岁时便能举起百来斤的巨石，而且还练就了一手筷子夹苍蝇的绝活，令人叫绝的是，每次夹住的苍蝇，身体并未破坏，仅是翅膀折断而已。他的父亲张钰也武艺超群，一次为制止乡民械斗，张钰带队策马冲入人群，挥舞着一杆大枪，上下翻飞，连挑十几个稻草人，枪枪直中草人前心，村民慑于他的精准枪法，渐渐散去，一场械斗就这样被平息了。张恨水没有继承家传的武术，却将祖父、父亲的故事作为素材，写入了自己的小说中。

张恨水7岁时入学堂读书，他进的学堂还是传统私塾的教学模式，读的都是《三字经》《百家姓》《千字文》之类图书。他说学生在学堂读书，“像打翻了虾蟆笼似的乱嚷”，当学生“简直是坐牢”。但他的记忆力超群，过目不忘，在学堂仅半年时间，就念了十三本书。后来先生给他加量，他也能很快将一本书倒背如流。因此，乡人都称颂张恨水为“神童”。他的母亲不相信，为验证真假，她把张恨水叫到跟前，取过一本儿子未读过的书，并用纳鞋底的锥子用力去扎，约扎透了半本书，然后让儿子背诵扎到的书页。未料，第二天清晨，张恨水便一口气将半本书背出，家人都惊讶不已。

1905年，10岁的张恨水随父亲去新城也就是现在的黎川县赴任。途中遇到逆风，船行的速度很慢。无聊的张恨水，偶然在船篷底下找到一本绣像本小说《薛丁山征西》，他看一眼就瞧上了瘾，竟如痴如醉地看了一路。这时，他方才知道什么是小说，而且有这么大的魅力。到新城后，父亲为他请了一位先生。这位先生是个“三国迷”，他的书桌上常摆着一本《三国演义》，先生不在时，张恨水便偷偷地看，也是一看便上瘾。从此，张恨水喜欢上了看小说，平时攒的零用钱也都用来买了小说。父亲张钰发现这事后，怕看“闲书”耽误学业，只准张恨水看《三国演义》《儒林外史》之类的书，于是张恨水便把那些不让看的书锁在箱子里，到晚上再偷偷地拿出来大读特读。据张恨水回忆，尤其是夜里看最好。大家睡了，我就把帐子放下，把小板凳放在枕头边，在小凳上点了蜡烛。将枕头一移，把书摊开，大看特看。

后来，无奈的父亲只好发慈悲，允许张恨水可在业余时间看小说，并开始叫儿子“小说迷”。自此，张恨水便放开手脚，如饥似渴地读起各种小说来。没过多久，他读的小说竟有两三箱之多，他说那些年他简直是“跌进小说圈”。

曾有这样一个故事，足以说明张恨水对小说的痴迷。张恨水年少时，特别喜欢读《聊斋志异》，尤其痴迷于书生独自焚香，挑灯夜读，引来美貌狐女、女鬼的故事。为此，他也模仿书中的情节，在一个戏台的侧面要了一间看戏的包厢，当作自己的书房，为了不被打扰，他上楼后便让人将梯子撤去，然后用铜炉焚上一炷香，挑灯夜读。结果他一连读了好几晚，什么也没等到。

张恨水看书，并非只看热闹，他在看小说的同时也看书评，用他的话说，那时候的书评，没有后来风行的书评那么尖锐和细致。可是看书评却使他分清了一部书的好坏。他觉得《儿女英雄传》虽用词精美，但对人物刻画就有些不足。他通过看《聊斋志异》的批注，知道了许多典故，也懂得了许多形容笔法。比如说形容一个健壮而美丽的女子，他知道用“荷粉露垂，杏花烟润”是绝好的笔法。后来，他由《水浒传》的圣叹外书上，知道《西厢记》和《庄子》是金圣叹鉴赏的书，于是他又找来这两书看，看后还真是大有收获，特别是《西厢记》给了他文学上以莫大的启发，那些腾挪闪跌的文法，便是在这儿学会的。

随着阅读量的增加，张恨水看小说已从故事的消遣，转向文艺的欣赏了。他说《花月痕》中的故事倒没什么，但书中的诗词小品，和小说回目，却令他陶醉了。自从订了《小说月报》后，他看了许多的林译小说，在这些翻译小说中，他又了解了一些描写法，尤其是心理描写方面，这是中国小说所欠缺的。

名副其实的多产作家

张恨水17岁时已读了几百种小说，乡中没有人不知道他是个小说迷。这时，家里的弟妹们也是一有空闲便缠着张恨水给他们讲小说听。这位小说迷也毫不推辞，常常是张口即来。他讲的小说虽夹杂了一些穿插故事进去，但弟妹们也都听得有滋有味，这对张恨水是个巨大鼓舞。不久，他居然为弟妹们写了一部武侠小说。小说写一个14岁小孩打虎的故事，主人翁虽小，却是力大无穷，使两柄重180斤的铜锤，犹如玩弹弓一般。为表现主人翁的万夫不当之勇，他还特意在里面画了两幅画，其中铜锤画得特别大，竟有人身体的二分之一，老虎画得特别小，弟妹们都笑他说，老虎画得不像，有点像狗。

张恨水父亲去世后，在亲戚张东野的帮助下，他来到苏州的一个学堂读书。由于生活拮据，他写了《旧新娘》和《梅花劫》两篇短篇小说，然后寄到商务印书馆《小说月报》编辑部。虽说稿子寄出，但他没有抱任何被录用的幻想。四五天后，邮递员送来一封来自商务印书馆的信，张恨水觉得信封里，肯定是退稿。于是，他悄悄找了个没人的地方将信封拆开。出乎意料的是，里面不是退稿信，而是《小说月报》编辑恽铁樵的回信。信中大意说，稿子有新意，“容缓选载”。张恨水顿时兴奋得如同发了狂，稿子居然能发表！要知道，《小说月报》可是当时全国最著名的文学刊物。喜不自禁的张恨水，很快将这个喜讯告诉了要好的同学，并给恽先生连回两封信。可是，一月又一月，一年又一年，转眼十年过去了，那两篇稿子也未在《小说月报》上露面。虽然他的小说流产了，但那封恽铁樵先生的回信却给张恨水的文学创作以巨大鼓舞。张恨水后来回忆，这封信虽然是编辑部对一般作者的复信，但是对我的鼓励却很大，后来我当了50年的小说匠，他的这封信是对我起了作用的。

1924年4月，张恨水开始写作长篇小说《春明外史》。这部发表在《世界晚报》副刊《夜光》上的小说，自1924年4月12日一直连载到1929年1月24日，约有一百万字之多。这书一面世，便风靡北京，他也一炮走红。在写作《春明外史》时，张恨水对章回小说的回目进行一番变革，始创了“九字回目”，并定下几个原则：一是两个回目的上下联要能包括本回小说的最高潮；二是辞藻要华丽；三是所用的字和典故，要自然浑成，如“夕阳无限好”对“高处不胜寒”之类；四是回目字数均为九字，求其一律；五是下联以平声落韵。“九字回目”的面世，受到了词章爱好者的欢迎。当时模仿者大有人在，一些文人如万枚子、金寄水、刘肇霖等也都采用此法写书。更有甚者，当时有一位叫郭竹君的读者，居然把《春明外史》的所有回目，用原韵和唱，投到《世界晚报》，主编左笑鸿

万枚子（左）、张恨水（中）、左笑鸿（右）于北平《世界晚报》社内合影。

阅稿后对此大加赞赏，随即将全部回目刊出。和诗步韵本是文人常见之事，但“唱和回目”，则属第一遭，前所未有。

该书还突破了《儒林外史》《官场现形记》等书说完一事，又递入一事，缺乏骨干组织的老写法，改为先安排一个主角，同时安排几个陪客，这样，既可把所写的社会现象，融入主角的故事中，也可把主角的故事，延伸到社会现象中去。张恨水写的社会现象也不是超现实的，这样读者看了书中的人和事，才有似曾相识，如在眼前的感觉。张恨水的这种改进，虽写起来较吃力，却赢得了读者的欢迎。难怪有人说，在五四运动之后，章回小说还可以叫座，这是奇迹。

1927 年，张恨水的扛鼎之作《金粉世家》面世。该书反映了一个豪门的兴衰史，有当时的《红楼梦》之称，深受女性读者的喜爱，风行了 20 年。1930 年 3 月，他的《啼笑因缘》在上海面世，受到读者热捧。接连几部热门作品的问世，使得张恨水声名鹊起。不久，他在上海与当时出版界大鳄世界书局的总经理沈知方达成了两项重要出版协议：一是张恨水将《春明外史》和《金粉世家》两书的版权售予世界书局，稿酬为千字 4 元，总计 8000 元；二是张再为世界书局专门写 4 部小说，每部字数 10 万至 20 万字，于第二年交稿，稿酬每千字8元。这两项重磅协议的达成使张顿时成为文坛瞩目的人物。与此同时，各地报刊的约稿信纷至沓来。1930年至1931年，是他写作最忙的一个时期。以1931年为例，当时他为《世界日报》完成《金粉世家》后，又为晚报写《斯人记》，为世界书局写《满江红》与《别有天地》，为沈阳《新民报》写《黄金时代》，然后整理《金粉世家》旧稿分给沈阳《民报》转载，再把《黄金时代》改名《似水流年》给《旅行杂志》转载。接踵而至的稿约，致使他每天唯一的工作，就是拼命写小说。那时，他每天上午9时开始写作，一直写到深夜12时，用他母亲的话说，他简直成了一台“文字机器”。据统计，张恨水在50年的写作生涯中，竟创作了近3000万字的作品，其中，仅在1931年至1934年间，张恨水就写出了22种小说。他的母亲担心张恨水这样下去，身体吃不消，劝他注意休息，可张恨水哪敢停止工作，他说他稍一休息，便有那得不到稿的“南方小报”，骂他一佛出世，二佛涅槃。

真是人怕出名猪怕壮，当时社会上关于张恨水的怪闻还真不少：有人说，他的作品不是本人写的，而是由一老儒代写的。也有人反问，那老儒为什么不自己出名，而便宜张恨水呢？他们说里面有秘密。也有人说，小说是张恨水作的，但不是他写的。说他是学外国人做法：由张恨水说，别人写。更有人说，张恨水的小说是由几个人合作的，署名是张恨水，但稿费由那几人瓜分。

风靡华夏的张恨水小说

自1924年4月《春明外史》在《世界晚报》副刊连载起，每日下午在报社门口便聚集了大量等待当日报纸发售的人。这些人并非报贩，也非报童，原来是为先睹《春明外史》为快的读者。就这样，无论刮风下雨，无论酷暑严寒，直到《春明外史》小说连载完毕，这些张恨水的粉丝居然在这里一排就是5年。没想到，在连载的过程中还发生了“请命”风波。当小说写到21回梨云生命垂危之时，预感不妙的读者，纷纷致信作者，要求笔下留情，免梨云一死，甚至有人为梨云开出了救命良方。

《金粉世家》连载时，也发生了“请命”风波。当写到冷清秋在大火中携子出走时，很多读者为此洒下同情的泪水，连著名报人万枚子也抑制不住心中的悲伤，竟与夫人相对而泣。接着当写到昆明湖边发现冷清秋遗失的鞋时，预感不妙的读者再也忍不住了，竟写信给张恨水，让他“笔下超生”，不要让冷清秋死去。

张恨水最畅销的书当属《啼笑因缘》，当《啼笑因缘》在上海的《新闻报》副刊《快活林》连载时，整个上海滩的读者为之疯狂，很快该书传遍大江南北。与此同时，报纸的销路也是与日俱增，就连广告刊户也愿意以高价将广告刊在小说版面附近。《新闻报》副刊的主编严独鹤更是以最快速度成立了一家名为三友的出版社，这个出版社的唯一目的就是出版《啼笑因缘》。还真如严独鹤所料，《啼笑因缘》由三友书社出版后，竟连续出了20版，印数达10万册之多。

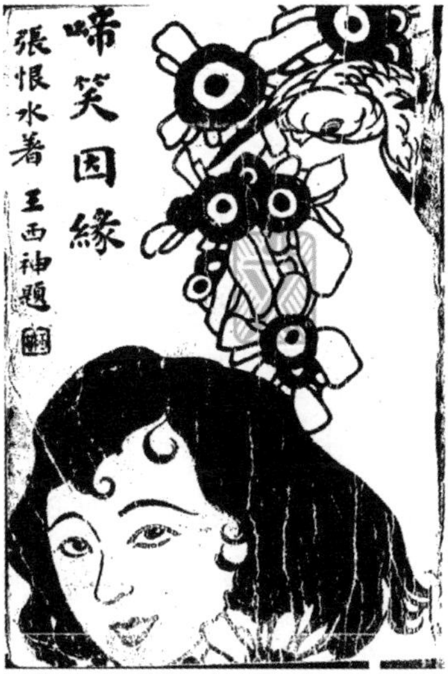

1931年，三友书社出版的张恨水小说《啼笑因缘》封面。

《啼笑因缘》成书后，适逢张恨水到江南办事，所到之处无不受到广泛关注。他回忆，这次南来，上至名流，下至风尘少女，一见着面，便问《啼笑因缘》，这不能不使他受宠若惊了！后来《啼笑因缘》改编成电影，为争夺拍摄权，明星电影公司和大华电影片社甚至还打了一年官司，连大律师章士钊也参与了这场官司的调解诉讼，一时闹得沸沸扬扬。不过这场纷争却相当于义务广告，反而使《啼笑因缘》更加热销。

通俗的语言，曲折动人的故事情节，使张恨水的小说成为社会各阶层喜闻乐见的读物。张恨水的母亲便很喜欢读《金粉世家》，每日晚饭后，她必让孩子们读当天的连载给她听，孩子们对这项工作也是乐此不疲。鲁迅的母亲也是张恨水迷，每逢张恨水的新作面世，鲁迅必买回去孝敬母亲。鲁迅在1934年日记中写道：三日前曾买《金粉世家》一部十二本，又《美人恩》一部三本，皆张恨水所作，分二包，由世界书局寄上，想已到，但自己未曾看过，不知内容如何也。据说老太太还曾问过鲁迅，你为什么不写张恨水那样的小说给我看呢？鲁迅听后大受启发，随后号召左联作家多写读者“看得懂，喜欢读”的文艺作品。张学良看了《春明外史》后，对该书大加赞赏，为此，他曾亲自到张恨水的住处拜访，结果两人一见如故，相谈甚欢。

张恨水的粉丝还不止这些，据说大学者陈寅恪也很迷张恨水的通俗小说。陈在西南联大时，双目已近失明，在病中为消遣，他便请好友吴宓为他从图书馆借来《水浒新传》，让家人天天读给他听。

文思泉涌

张恨水的小说多以连载的形式发表在报刊上，这些小说连载的时间少的要一两年，长的甚至达六年。由于他的小说畅销，各报馆都争着前来约稿，有时张恨水要同时为多家报馆供稿。1928 年至 1935 年是他小说创作的一个高潮，他甚至开创了同时写作六七个连载的先例。张恨水对于约稿是有求必应，无论环境多么嘈杂，时间多么紧张，总是能应付自如，按时交稿。他的一支笔不仅养活了十几人的大家庭，而且救活了多家报纸。一天，张恨水的母亲好奇地问他，怎么有那么多的故事，没有用完的时候？张恨水答道，他感觉只要拿起笔，就如同打开了自来水开关，文章如同流水般涌出来。一天不写文章，心里就不痛快！一天晚上，有客人来报社访张恨水，于是他放下编务与客人交谈起来。而这时《南华经》（《南华经》是《南京人报》的副刊）正要付排，版面还差一块，编辑心急火燎地在楼下问张怎么办。张让客人稍等，在楼栏边对编辑说，你别急，我说你记，等版面够了就喊停。于是张恨水稍思片刻，便有了文章：

张恨水在伏案写作。

楼下何人唤老张，老张楼上正匆忙。时钟一点都敲过，稿子还差二十行。日里高眠夜里忙，新闻记者异平常。今生倒做包文正，日断阴来夜断阳。齿牙半动视茫茫，已过中年底事忙？应是要当姜白发，还图八十遇文王。这时楼下编辑喊道“停”，张恨水又回到座位上，与客人攀谈起来。这就是被南京报界传为佳话的张恨水“楼上口占打油诗”的轶事。

一天同时发表六篇小说连载，而且对各小说中不同的人物、情节、进度，都能做到运用自如、井然有序，这对一般人来说简直是天方夜谭。他的儿子张伍对此颇有疑问，当时连载的小说，光《金粉世家》中的人物就有一百多个，更何况还有《春明外史》《天上人间》等长篇，他弄不明白父亲是怎么安排的，难道不会乱吗？一天他终于忍不住将心中的疑问向父亲提出来。张恨水笑着回答说，他自己的小说怎么会乱呢？这都是我早已经就想好了的，谁也不会把自己家里人搞错吧……

这时张伍才知，原来父亲有好几种写作方法。一是轮流写法。

即预先将一部小说一气写上几回，估计能连载一段时间了，再写作另一部。张恨水大部分的小说连载用的便是此法，用他自己的话说，“像个推磨的驴子”。二是即写即发，张恨水在主编《南京人报》副刊《南华经》时，其中连载的《中原豪侠传》《鼓角声中》两部小说，便是即写即发。这两个连载，每天各发约一千字，他都是晚上要发稿时才写。三是对于《金粉世家》这样的大部头书，由于人物众多，情节曲折，他往往是先列一个人物表，将小说中人物的姓名、身份、性格及每个人物发生的故事简单列于表中，以备查阅。这样尽管这书头绪多，字数多，连载时间又长，每天写作之前，只要看看这个表格，人物的大概也就了然于胸，自然也不会出什么差错了。

安贫乐道爱读书

张恨水写作有个原则：不但要读者看他的书，还要让读者读他的书而获益。因此，为了创作更多好的作品，他从没忘记读书研究，不断充实自己。他把读书学习称为加油，他说自己不能光写而不加油，他之所以不被时代抛得太远，就是这点加油的工作不错，否则他永远落在民十以前的文艺思想圈子里，就不能不如朱庆余发问的话，画眉深浅入时无了。年轻时，他每天上床后，必拥被看一两点钟书，他看的书很杂，有文学、哲学、社会学方面的书刊。有弄不明白的地方，他就主动向人请教。晚年时，他更是读书不辍，特别是文史方面的图书，他曾想利用晚年读完2000多册的《四部备要》，直到1967年2月15日他去世时，床边还放着一本打开的《四部备要》。

为了能到北大读书，1919年张恨水来到北京准备先到北大去做一名旁听生，没想到学没上成，反而为了糊口，在朋友的介绍下作了一名报社的编辑。他就一边编辑文章，一边下功夫读清代查培继编的《词学全书》。没想到，学词还学出了机遇。张恨水学词有个

张恨水与《世界晚报》同仁合影。

习惯，每到兴之所至，也会照谱填上一阕。一天，他在填一阕《念奴娇》时，同乡方竞舟来访，并随手拿走了这阕词。不想没几天，方又兴冲冲地来到张的住处说，他的一位朋友很欣赏那阕《念奴娇》，当读到“十年湖海，问归囊，除是一肩风月”之句时，更是大为倾倒，于是很想见张一面。在方的安排下，两位词友如期见面，原来方的这位朋友是大名鼎鼎的报人成舍我，结果成、张一见如故，大有相见恨晚之势。自此，张恨水先后在成舍我主办的《世界晚报》《世界日报》副刊作主编，并陆续在两个副刊上连载了长篇小说《春明外史》《金粉世家》，从而名声大噪，成为家喻户晓的小说家。

为了能阅读外文书，以扩大知识面，张恨水还参加了商务印书馆办的英文补习班。那时他在《益世报》每晚从 10 点工作到凌晨 4 点，稍有空闲时，便读英语。没想到朗读声打扰了正休息的经理太太，竟被报馆老板调换了工作，改任该报天津版的通讯员。张恨水并没有因此而中断英语的学习，仍是几十年如一日地自学英语。他的女儿张明明曾回忆张恨水在重庆早起读英语的情景：

清晨，炊烟从茅屋顶的隙缝里，袅袅而升……在浓绿的山谷，升起缕缕轻烟，一深一浅，在晨熹中，别是一种韵味。父亲响亮的嗓门，不紧不慢的念英语，也构成桃子沟的奇景之一了。这时父亲已年近五十，这种刻苦学习英语的毅力，真是惊人。

功夫不负有心人，多年的自学使他的英语口译、笔译都达到了一定水平。《新民报》便曾刊过张恨水用歌行体翻译的《莎士比亚十四行诗》。

读万卷书，行万里路

张恨水在创作《金粉世家》时，一位新闻界人士曾对很多人说，他这篇小说一定写不好，准砸！他的理由是张恨水和他们众人一样，都是寒门出身，就没过过富贵的生活。自己都不知道，怎么能写得好。他说张恨水写出来的金总理家，也无非是小报上那些小说描写的现代富人家的老套子：一明两暗三间正房，堂屋正面挂着一幅大山水中堂或是福禄寿三星；前边一张大条案，中间摆个座钟，两边是一对大胆瓶；条案前是一张方桌，上摆茶盘，中有茶壶茶碗，甚至有大盘木瓜、佛手之类；方桌两边，各有一把红漆的太师椅；两面墙上挂着几个写了字的条幅……他说，这些老套子描写若让那些大户人家看到后，不笑掉大牙才怪呢！这时听者也都笑起来。

这人的担心听起来不无道理。但是现实却不然，他忘了张恨水是个求知欲极强的记者，对事物不了解不熟悉决不动笔。做记者的张恨水几乎什么地方都去，无论是穷街陋巷，还是深宅大院、豪门巨府。每到一个地方，他都细心地看，用心去记，无论是哪个阶层的人士，他都主动去接触。由于职业的关系，他与袁世凯的二子袁克文、五子袁克权甚为熟悉，和孙宝琦、许世英等上层人士也不陌生。时间长了，这些达官贵人的言谈举止、衣着打扮，以及豪门大院里的各种传说绯闻，就都成了张恨水写小说的材料，而以此为素材创作的《金粉世家》就像一面多棱镜，再现了北洋政府上层社会和官场贪婪、伪善、腐败的生活。试想这样的小说，读者看了怎能不过瘾呢。

由于《金粉世家》写的是北京的豪门，于是便有好事者妄加推断，有人说是袁世凯家，也有人说是钱能训家，一时众说纷纭，好不热闹。张恨水在《写作生涯回忆》一文中指出：《金粉世家》，是指着当年北京豪门哪一家？袁？唐？孙？梁？全有些像，却又不全像。我曾干脆告诉人家，哪家也不是，哪家也是！可是到现在，还有人不肯信。

张恨水的小说之所以深受读者欢迎，与作品所具备的浓厚生活气息有很大关系。为了小说写得真实，他很注意观察生活细节，就是平常买东西也不放过。一次，他去买橘子，由于家人喜欢吃酸橘子，他特意挑了几个酸的，然后问卖橘子的人：“酸吗？”这一下把卖橘子的人给问蒙了，橘子本是酸的，说不酸吧，不符合事实，说是酸的，又怕人家不买。只得说“您自己尝！”张恨水听后，哈哈大笑，在回家的路上他一边走，一边说：“妙，妙！这是很精彩的文学语言。”

有道是读万卷书，也要行万里路。张恨水一生中的多次游历对他的人品、个性及小说创作产生了深远影响。

他曾有过一段当戏剧演员的经历。1912 年张恨水原本想去日本留学，但在这年秋天，他的父亲突然去世。父亲的病故使得家境每况愈下，以往的理想抱负，都成了水中月，镜中花，他只得打消了留学的念头。后来，他在亲戚张东野的介绍下，在汉口加入了一个文明戏剧团。起初只是写写剧目表、说明书什么的，后来他竟真走上了前台，他演过《落花梦》里的一个生角，还演过《卖油郎与花魁女》里的卖油郎，虽说是初出茅庐，但演得也是有板有眼，很像那么回事。加入文明剧团的经历给善于观察、富于想象的张恨水积累了很多戏剧方面的素材，在他写作的小说中，就有很多涉及戏剧艺人方面的内容。如《满江红》中的女歌星李桃枝，《天河配》中的白桂英，《啼笑因缘》中唱大鼓的沈凤喜，《秦淮世家》中的歌女唐小春等。张恨水做演员最大的收获是，在表演的过程中获得了创作灵感。他的书桌旁有一面镜子，这面大镜子对张恨水来说有一个特殊功能，一般人很难想象到。后来张恨水在他的回忆录中道出了答案，当他描写一个人不容易着笔的时候，他便自己对镜子演戏给自己看，往往能解决一个困难的问题。老实说，这就是自己导演自己。后来他由喜欢研究戏剧，到爱上看电影，他说，那上面描写人物个性的发展，文字章法的剪裁，给了他很大的帮助，特别是一些暗示手法，就是取法于一班名导演。

张恨水做演员时，认识了好友郝耕仁。郝耕仁是个新闻记者，写得一手好文章，诗也不错。就在张恨水由文明戏剧团回到家后的某一天，张恨水接到郝耕仁的来信。郝耕仁在信中说，他想邀张恨水一起，学习《老残游记》中的老残，到北方游历。那时张恨水正因一事无成，而在家乡抬不起头，于是欣然答应了邀请。郝耕仁拿出家中祖传的一些药，又买了些西药，分放到两个手提箱中，他俩一人手提一个药箱，开始了他们的北方之行。他们从苏南走到扬州，边走边看，即景赋诗，可谓自得其乐。当走到邵伯这个镇上时出了问题。在住宿休息时，旅店老板看他们样子奇怪，不像是药商，就要求他们找铺保才能住店。郝耕仁找到镇上的西药店经理，药店经理很同情他俩，对他们说，前方军阀正在打仗，你们这个样子，很容易被人家当作探子抓起来，并劝他俩赶快原路返回，否则有生命危险。他俩听后，便于次日慌慌张张地搭了一只屎臭难闻、蚊蝇如雨的运鸭船离开了邵伯镇。幸亏他们走得及时，据说住宿的当晚，镇上保安团的人便住在他们对过的房间。这次游历让张恨水目睹了军阀混战导致社会经济混乱，百姓苦不堪言，流离失所的场景，使他对当时的中国社会有了更加清醒的认识。

白居易曾言“文章合为时而著，歌诗合为事而作”。张恨水自写作《啼笑因缘》时，便有了写小说要跟上时代的想法。用他的话说，小说创作应以反映时代和人民为主题。1934 年，他决定到西北去游历，此行的目的即要看动的，看活的，看和国计民生有关系的。作为知名的作家，张恨水的西北之行受到了社会各界的欢迎。曾有民众热心为他送来代表当地文化的县志书、碑帖，也有热心人士来到旅馆与他促膝长谈，甚至有一位军官主动要求和他同坐一架战斗机去天水访谈……在西北张恨水考察了 20 多个县，他了解了当地的民风民俗，也目睹了西北人民由于天灾人祸，所过的生不如死的凄惨生活。他说西北人的苦，不是华南人所能想象的，你不会听到说，全家找不出一片木料的人家；你不会听到说，炕上烧沙当被子盖；你不会听到说，十八岁大姑娘没裤子穿；你不会听到说，一生只洗三次澡；你不会听到说，街上将饿死的人，旁人阻止拿点食物救他（因为这点救饥食物，只能延长片刻的生命，反而增加将死者的痛苦）。这次考察给张恨水很大的触动，残酷的现实使他的思想起了极大的变迁。

自此以后，张恨水的作品更加关注现实与民生。不久，他创作了《燕归来》《小西天》等作品。1939 年 12 月，张恨水的《八十一梦》面世，该书借离奇荒唐的故事，对当时重庆的政府的腐败黑暗予以有力鞭笞，社会反响极大，但很快便有人捎话给张恨水，说若不见好就收，便立刻把他送到息烽去“休息”。无奈，张恨水只好停止了《八十一梦》的写作。张恨水一生创作了很多抗战小说，如《太平花》《东北四连长》《游击队》等。

林语堂

林语堂（1895—1976）

大师睿语

我读一个人的作品，绝不因有尽责的感觉，我只是读心悦诚服的东西。他们吸引我的力量在于他们的作风或相近的观念。我读书极少，不过我相信我读一本书得益比别人读十本的多，如果那特别的著者与我有相近的观念。因此我用心吸收其著作，不久便似潜生根蒂于我心内了。

一个人要写书，是因为他有话说，因此，他说的话，应该是由衷之言，是一己之见，而不是处处仿学古人，更不应该是人云亦云的无病呻吟。

梦想家家庭

现代汉语中“幽默”一词便出自他的手笔，他以幽默大师著称于世，但他在创作与生活中的“幽默、闲适、性灵”主张在当时却备受诟病；他“两脚踏东西文化，一心评宇宙文章”，先后两度获得诺贝尔文学奖提名，作品风靡西方，西方人因他的文字而认识了一个丰富的中国。人们说他的作品不合时宜，林语堂却幽默地说，他的东西确实不合时宜，他的东西是给40年以后的中国人看的。他在《八十自叙》中说他自己是一团矛盾。他就是中国现代著名作家、语言学家、翻译家林语堂。

1895年，林语堂出生于福建漳州平和县板仔的一个牧师家庭。林语堂说对他影响最深的，一是他的父亲，二是他的二姐，三是漳州西溪的山水。他的父亲是个热心西学维新的人，所以家里的墙上一面挂着一幅彩色石印的光绪皇帝像，一面挂着一个外国女孩子的像。父亲是个梦想家，他常对孩子们说，在美国有个哈佛大学，在德国有个柏林大学，父亲望子成龙的良苦用心不言而喻。林语堂也有个想当作家的梦想，他说，他的雄心是要他写的小说都可以传世。8 岁时的林语堂便表现出了当作家的天分，一天他看了建造教堂的情景后，居然以此为素材悄悄编写了一本教科书。书编得还真像那么回事，既有正文，也有插画。其中一页写道：

人自高，终必败；

持战甲，靠弓矢；

而不知，他人强；

他人力，千百倍。

另一页，画着一个泥火炉，课文意思是蜜蜂因采蜜而招焚身之祸的故事，很有道德教训的意味。教科书本藏在柴房的柴垛里，被姐姐做饭时不经意发现了，当时林语堂害羞得脸都红了。不过小语堂课文编得还真不赖，不久，所有兄弟姐妹都能背了。林语堂年幼时，他乡下的家就犹如一个家庭学校。孩子们每天都被父亲安排得满满当当，乡下孩子起来早，男孩子负责汲水浇菜，女孩子管洗衣与做饭。暑假里早饭后，父亲便亲自摇铃上课，教的内容也是中西合璧，白天学四书五经，晚上读《圣经》，上课时总是满屋子的读书声。

在家上课时，林语堂对二姐印象特别深，二姐比林语堂大 4 岁，不仅笑靥如花且有鸿鹄之志。她很聪明很爱学习，上课时二姐最不愿做的两件事是：每当上午 11 点时，她得去做饭或洗衣裳，下午日影上墙时，她又得去把晾晒的衣服收回，然后去做晚饭。那时姐俩常看的小说有林琴南译的《福尔摩斯》《天方夜谭》等，他俩常将看来的小说编成故事，说给妈妈听，逗得妈妈嘴都合不拢。二姐从鼓浪屿毓德女校毕业后，吵着要去福州入学深造，可是这怎么可能。

林语堂（左三）8 岁时与父母、兄弟及二姐（右二）合影。

林语堂兄弟姐妹共有六男二女，林父每月布道的月薪只有 24 元，支撑男孩子上大学尚且捉襟见肘，女孩子自然是管不过来了。最后求学无望的二姐只得遵父母之命嫁到山城的一个富裕人家。出嫁时二姐 22 岁，林语堂 18 岁，那天，林家全家下船，一是送女儿出嫁，二是用借来的钱送林语堂去上海圣约翰大学念书。当船缓缓地行驶在西溪上时，二姐由新娘子袄里的口袋中掏出 4 毛钱含着眼泪说，和乐，你到上海去，要好好地念书，做个好人，做个名人，我是没有希望了。二姐的嘱托如重千钧，深深地鼓舞了林语堂一生。晚年时的林语堂对二姐仍念念不忘，她那几句话在他心里有极重的压力，好像重重地烙在他的心上，所以他有一种感觉，仿佛他是在替二姐上大学。不幸的是，二姐第二年便因鼠疫去世了，这使得肩负重任的林语堂伤心至极，他说："我青年时所流的眼泪，多是为二姐流的。"

“在丛林里觅果的猴子”

上海圣约翰大学是一所以教英语见长的著名教会学校。林语堂的父亲本来是让儿子子承父业，读神学系研究怎样传道，但林语堂越学越学不进去，后来连主教也觉得他还是不做牧师的好。但林语堂却用一年半时间把英语学通了，大学一年级时，他便被选为英文刊物的编辑。后来他总结学英语的秘诀就是钻研一本袖珍牛津英语词典，因为这本词典不仅对每个英文词作了释义，也将这个词在不同句子中的用法一一列出。在当时，林语堂无论是一个词，还是一片语，不弄透了他是从不放过。至于发音，他说只要弄清楚一个字的重音在哪个音节，说英语也就不那么难了。

圣大的不足就是忽视中文教育，聘请的中文老师更是庸碌无为。有个老秀才居然说，从中国驾着汽车可到美国，顿时成了学生们的笑柄，老秀才的课也少有人听了。林语堂也因此大受感染，不知不觉毛笔也不用了，《纲鉴易知录》也不读了。有得必有失，对中文的荒废使林语堂到清华后后悔不已。

1916年，林语堂自圣约翰大学毕业后，任清华学校英语教员。正在他欲大展宏图时，不想一件小事致使他羞愧难当。一天闲聊中听人说到“孟姜女哭长城”的故事，他感到很惊奇，没想到中国居然有这样经典的故事。而令他难过的是，作为大学教员，他对此却一无所知，这让他当时惭愧得无地自容。为了雪耻，他决定马上补上中国文化这一课。自己任职的清华园里虽然高手林立，但是他不敢去问，他想自己一个堂堂的清华教员，对中国文化却一知半解，这一问不就露出马脚了吗？于是，他来到了琉璃厂这个中国最大的古旧书市场。这里的旧书商多是科场落第的前清举子，这些人虽然是半路出家，但大多旧学功底深厚，个个都是目录版本行家。不久林语堂便与他们打得火热，通过攀谈他知道了王国维，认识了《四库集录》。为了学习中国语言，他决定将中国文化的经典之作《红楼梦》作为起点，他认为《红楼梦》中白话语言的运用已到了无可比拟的高度。深入的研究使他成了红学家，也使他对中国文化有了很深的见地，这也同时温润了他的笔端，他后来写的《京华烟云》便被誉为现代的《红楼梦》。

1919年秋，林语堂赴哈佛大学学习比较文学专业，后又赴德国莱比锡大学读博士。细数林语堂的留学生涯，也是充满了传奇色彩。

大洋彼岸的哈佛大学是一所名不虚传的世界名校。令林语堂兴奋的是，这里的卫德诺图书馆，不仅藏书种类丰富，而且数量庞大，与圣大图书馆的5000册藏书相比，真是天壤之别。自此，嗜书如命的林语堂就像在森林里找果子的猴子一样，课余便泡在图书馆中读书学习。有时，一本书里找不到他要的知识，就再找另一本，就这样，他一天可在图书馆里来回跑好几里路，内心却乐得像孙悟空在花果山饮涧水，采山花，觅树果。

林语堂的导师白璧德更是世界闻名的学者，他是哈佛大学里唯一持有硕士学位的教授。白教授门下弟子众多，桃李满天下，中国现代著名学者梅光迪、吴宓、梁实秋等皆出自其门下。20 世纪初，美国文坛曾发生过一场激烈的争论，其中一方代表就是在文学上倡导传统、典雅、保守的古典主义的白璧德。白璧德在文学批评方面的主张与施伯因干派的主张正好相反，为此，两派经常暴发激烈的争论。对于老师白璧德的主张，林语堂也有不同意见，一次，这个吾爱吾师但更爱真理的中国学子，竟然激动地站在白璧德的对方，为施伯因干辩护起来。他的妻子廖翠凤听说后担心得茶饭不思。

在哈佛大学的第二年，林语堂的半公费津贴突然被清华留美学生监督施秉元莫名其妙地取消了。直到不久后施自杀，林语堂才隐约弄明白原因：原来是施秉元挪用奖学金炒股，投机失败的缘故。祸不单行的是妻子廖翠凤又得了一场病，光住院费就花光了他们的积蓄。为了维持生活，林语堂只得去参加《中国学生月刊》举办的征文比赛，因为一等奖可得 25 元奖金。在连续三次获得第一后，他自己也觉得不好意思了，只好停止投稿。走投无路时，林语堂想起了临走时与胡适谈好的学成后到北京大学任教的约定，于是他打电报给好友胡适，请他代向北京大学申请预支 1000 美元以接济生活。对于这笔款子林语堂本没抱多大希望，没想到在胡适的担保下，居然很快就汇了过来，终于解了林语堂的燃眉之急。

1922 年 2 月，林语堂获得哈佛大学硕士学位后，又转到德国莱比锡大学攻读博士学位。这是一所以语言学驰名的欧洲名校，到莱比锡后，他第一时间将这个喜讯写信报告给父亲，因为他知道父亲收到信后，一定会欣喜若狂的。为了维持学业，他又通过胡适向北大借款 1000 美元。临毕业那年，妻子廖翠凤有了身孕，这时结婚 3 年才有身孕的妻子高兴得好像变了个人似的，但是在德国生孩子花费太多了，于是他们决定回国分娩。这下可把林语堂忙坏了，为了准备博士论文《古代中国语音学》他日夜奋战了整整一个夏天。辛苦的付出使林语堂对考试充满了信心，竟然预定在考试完毕的当晚便离开莱比锡。考试当天，当博士论文考完后，最后的口试，林语堂从一个教授室跑到另一个教授室，直到 12 点钟才赶回家。这时倚闾而望的妻子焦急地问："怎么样？"林语堂兴奋地大声喊道："好了！"就这样他的留学生涯终于圆满结束。

看面相打分的教授

林语堂回国后，先后在清华大学、北京大学、东吴大学等校任教，他的教学风格也是不落窠臼、独具一格，深得学生喜爱。

一天，在东吴大学法学院，上课铃响了好久，老师林语堂才到教室。只见他夹了一个皮包，里面不知是什么东西将包撑得鼓鼓的，学生们满以为是讲义什么的，哪想包一打开，一大包带壳花生掉了出来。他将花生分给学生们，学生不好意思吃，只是好奇地望着他。于是林语堂操一口流利的英文大讲起吃花生之道，吃花生必吃带壳的，一切味道与风趣，全在剥壳。剥壳愈有劲，花生米愈有味道。接着他话锋一转指出：花生米又叫长生果。诸君第一天上课，请吃我的长生果，祝诸君长生不老！以后我上课不点名，愿诸君吃了长生果，更有长性子，不要逃学，则幸甚幸甚，三生有幸。话音未落，满座哗然。林语堂微笑着说："请吃！请吃！"顷刻间，教室里满是剥花生壳的声音。这时下课铃响，林语堂飘然而去，随后教室里掌声一片。民国时的大师讲起课来都很有个性，但在第一堂课上与学生们大谈花生之道，即使在当时也是一道奇景。

林语堂有一“雷人”判分方法，那就是看面相打分。他记忆力特别好，上三五堂课后，已能认识班上一半的同学。他平时在课堂上，常随时点名叫学生回答问题或互相对话，更鼓励学生们随时发问。通过对话，他对学生的学习情况已了然于胸。每当学期结束之前，要评定成绩分数时，每位学生的学习程度和学力，在他脑子里已有一个轮廓。所以说到了期末，他从不举行任何形式的考试，只让学生们一个个站起来，他只要一看便定下了分数。难得也有几位，他觉得没有十分把握，就让他们依次到讲台上谈几句，很快便定下了分数。他的学生薛光前回忆，这种定分方法，可谓奇特……但结果比正式考试更觉公平允当，同学心中，无不个个服贴。

林语堂教英文，从不用呆板或填鸭式的方式，让学生死记硬背。采用的教本，也都是报纸杂志上刊登的评论或记载，既生动，又有趣，实用性还强。讲解时，常常选择几个意义相同而实不相同的英文词汇作详细的比较。比如汉字中的“笑”字，在英文中便有很多词汇。如大笑、微笑、假笑、痴笑、苦笑，等等。他总是一一指出异同，然后让学生当场造句，或做课后练习。这种别具一格的教学法，加上其幽默诙谐的教学风格：讲课时从不正襟危坐，或坐在椅子上，或坐在讲桌上，边讲边谈，幽默百出，使同学们总是在轻松愉快中便学到了知识。

两脚踏东西文化，一心评宇宙文章

据统计，林语堂一生著译多达60种，可谓著作等身。与众不同的是，他还是一位了不起的双语作家。民国时期懂外语的作家不少，但真正能用外语写作的可谓凤毛麟角，而像林语堂这样能手握中文和英文两支笔，左右开弓、运用自如的，更是罕有其匹。其女儿林太乙著《林语堂传》载，林父一生著有中文著作11种，英文著作40种，英译中的译著6种，中译英的译著3种。有人说，林语堂最大的长处是对外国人讲中国文化，和对中国人讲外国文化。林语堂很认可这句话。两脚踏东西文化，一心评宇宙文章，是他一生的文化理想。他在自传中指出：他最喜欢在思想界的大陆上驰骋奔腾。他偶尔想到有一宗开心的事，即把两千年前的老子与美国的福特拉进一个房间，让他们畅谈心曲，共同讨论货币的价值和人生的价值。或者要辜鸿铭导引孔子投入麦克唐纳家中，而看着他们相视而笑，默默无言，而在杯酒之间得完全了解。这样发掘一中一西原始的思想而做根本上的比较，其兴味之浓不亚于方城之戏，各欲猜度他人手上有什么牌。

从林语堂一生的著作看，他主要的精力还是放在了对外国人讲中国文化方面。在这方面有一个人发挥了推波助澜的作用，她就是赛珍珠。赛珍珠是一个在中国布道的美国牧师的女儿，她很小就来到了中国，并在中国生活了 40 年，她写了很多书，在 20 世纪 30 年代已很有名气，1938 年她创作的《大地》荣获诺贝尔文学奖。30 年代她与丈夫一同在美国纽约开办了一家书店名为约翰·黛公司。由于赛珍珠久居中国，她很想写一部真实反映中国的书，觉得这个图书选题在美国定会大受欢迎。她知道自己对中国理解不够，于是在中国四处寻找这样的人选。但这样的作家实在难找，它要求写作人既要真实反映中国国情，又要在写作技巧上符合西方口味的那种轻松、闲适、诙谐、幽默的笔调，而且还要用英文写作，这个条件在当时确实有些苛刻。正当赛珍珠失望之际，上海文坛刮起了对林语堂和论语派的批判之风，一时“幽默大师”林语堂成了热点人物。身在南京的赛珍珠对林语堂已有所闻，她觉得林语堂就是自己要找的人。一天晚上，赛珍珠来到位于上海愚园路的林语堂家，结果两人一见如故、相谈甚欢，大有相见恨晚之感。席间说起那些号称“中国通”的某些西方人，由于对中国一知半解，回国后发表的作品，其笔下的中国不是海外猎奇，就是辫子、小脚之类的丑陋大展览，对此两人均

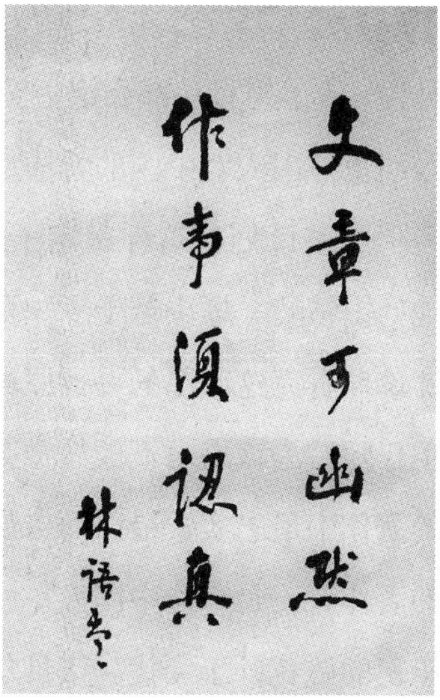

林语堂手迹

不以为然。当赛珍珠全盘托出自己的来意时，林语堂当即欣然接受。林说，他正想写一部介绍中国民情的书，写出中国文化的精髓与灵魂，以纠正外国人对中国的看法。真是踏破铁鞋无觅处，得来全不费功夫，一项出书计划就这样敲定了。说干就干，1934 年林语堂来到避暑胜地庐山牯岭，埋头苦干了一夏天，《吾国与吾民》就这样诞生了。当赛珍珠看完这厚厚的一摞原稿时，忍不住拍案叫绝：真“伟大著作”也！随后为该书写下极尽赞美之词的序文。这一本书是历来有关中国的著作中最忠实、最巨丽、最完备、最重要的成绩。尤可宝贵者，它的著作者，是一位中国人，一位现代作家，他的根蒂深植于往昔，而丰富的鲜花开于今代。诺贝尔文学奖获得者的重磅推荐，无疑又为这部书锦上添花。

正如赛珍珠所料，1935 年《吾国与吾民》由约翰·黛公司出版发行后，果然一炮打响。此书一上市，便赢得美国读者的一致叫好，并在当年美国的畅销书排行榜上名列榜首，随后一版再版。当时还曾发生过一件事，美国著名的书评杂志《纽约客》，由于对该书的畅销估计不足，写的书评晚了些，为此不得不向读者表示歉意。《吾国与吾民》的一炮走红，使得林语堂名利双收，同时，赛珍珠夫妇的书店也是财源广进。首战告捷证明了赛珍珠这条出版思路的正确可行，夫妇俩想既然林语堂这块牌子在美国一打就响，何不继续加以开发呢？

1936 年，赛珍珠正式向林语堂发出了到美国去写作的邀请。此举也正合林语堂之意，林想自己四十初头，正是创作的黄金时期，能够到美国这样安定的环境去从事专业写作，并有专门的书店为他提供出版销售服务，真是天赐良机，何乐而不为呢？1936年8月1日，林语堂全家登上了美国“胡佛总统号”客轮离开上海。临别时，林语堂收到了亲朋好友送的花篮竟达30个，巧合的是林语堂到美国一去也是30年。

20世纪40年代，林语堂在纽约。

“两脚踏东西文化”的林语堂，一踏上“胡佛总统号”客轮的甲板，便下意识地感觉到以后该把劲儿使在哪只脚上。

正如林语堂所想，到了美国后，林感到当时美国人对中国的看法仍有很多偏见和误解。二女儿林亚娜放学后带回来的一连串美国同学的荒唐问题，更证实了这一点：

在中国有椅子吗？

在中国有桌子吗？

你吸鸦片烟吗？

你在中国觉得冷吗？

你是用鼓棒吃饭吗？

这时赛珍珠夫妇也来建议林语堂多写些介绍中国文化的书，于是林语堂在《吾国与吾民》的基础上，将其中“生活的艺术”一章进行扩展，仅用了3个月时间，700页的文字稿已全部杀青，这就是著名的《生活的艺术》。该书发行后，即引起了美国“每月读书会”

的注意，并被选为 1937 年 12 月特别推荐的书。这个拥有数十万人的读书会在美国读者心目中很有分量，被它选为推荐书，犹如中马票、中状元一样，图书往往会大卖特卖。据林语堂的女儿回忆，在一个下午，当赛珍珠的丈夫华尔希打电话把这个喜讯告诉林语堂时，林语堂高兴得“双足乱跺，狂叫起来”。很快，《生活的艺术》一书又高踞美国畅销书排行榜榜首，并且持续了 52 个星期之久，成为 1938 年风靡美国的最畅销的图书之一。更没想到的是，该书在美国居然出了 40 版以上，而且被译为十几种不同的文字，在英、法、德、意、丹麦、瑞典、西班牙、荷兰等国发行，也同样是四五十年畅销不衰，成为欧美各阶层人士的“枕上书”。随后，林语堂再接再厉，又创作了《京华烟云》等 30 多部著作。现在看来，林语堂的旧学功底并没有达到登峰造极的高度，但他用通俗、闲适、诙谐的语言写出了一个真实的中国，中国不光有“小脚”“大辫子”……还有古老的东方文明……使西方人因他的文字而认识丰富的中国。多少年后，美国前总统老布什读了林语堂的作品后感慨，林语堂讲的是数十年前中国的情形，但他的话今天对我们每一个美国人都仍受用。由于林语堂在中外文化交流领域的独特贡献，1946 年，威斯康辛贝鲁艾特大学授予林语堂荣誉人文学博士学位，称他是“非官方的中国文化大使”。1975 年，林语堂被国际笔会推举为副会长。同年，又被提名为诺贝尔文学奖的候选人，虽然后来落选，但足以说明其在国际文坛上所具备的巨大影响力。美国文化界也把他列为“20 世纪智慧人物”之一。

版税大王

众所周知，林语堂是个英文高手。他曾在清华学校（后来的清华大学）、东吴大学当过英文老师，其一生用英文创作的作品比中文的还多。另外，他在编写英文教材方面也有很深的造诣。

20世纪30年代，他为开明书店编写的英语教材，同样是畅销国内，风行国内。林语堂从小就有编教材的理想，20年代末在上海，一次偶然的机会，他与老友孙伏园说起想编初中英语教材的事，热心的孙伏园很快为他联系了开明书店的老板章锡琛，结果双方的想法不谋而合。原来当时社会上学英语的很多，觅得先机的商务印书馆为此请人编写了一本《模范英文读本》，结果销路大好，深受读者欢迎。很快，开明书店的老板章锡琛也发现了这个赚钱的商机，也准备招兵买马开发一套英语教材，可以说林语堂的建议来得正是时候，加之林的头上顶着留洋博士、语言学家的头衔，结果双方一拍即合。双方商定教材出版后，林可拿10%的版税作为稿酬。经过数月埋头苦干，1929年林语堂编写的《开明英文读本》由开明书店出版发行，果不出所料，教材一面世，便脱颖而出，销量奇好。

有道是树大招风，《开明英文读本》的热销，给开明书店带来效益的同时，也招来了同行的嫉妒。不久，实力仅次于商务印书馆、中华书局的世界书局也请刚毕业的林汉达模仿《开明英文读本》迅速编写了一套《标准英语读本》，结果该书的上市使《开明英语读本》销量大减。世上没有不透风的墙，很快开明书店老板便发现了《标准英语读本》畅销的原因，原来世界书局编的那本，从引文到体例，与开明本都有不少雷同之处，两本书简直大同小异。于是开明书店请律师向世界书局就此提出警告，而财大气粗的世界书局竟根本不予理睬，直到两家对簿公堂，一时闹得整个出版界沸沸扬扬。后来在南京政府教育部的干预下，世界书局才向开明书店求和，并主动将《标准英语读本》的纸型销毁。塞翁失马，焉知非福。这场轰动上海滩的版权诉讼案，却如同做广告一样，使得林语堂及其教科书声誉大增，销量一路扶摇直上，几乎成了全国中学英语的法定教材。林语堂的女儿林太乙回忆，她上学时用的便是他父亲编的英语教材，当时，一些成绩不好的高班生，见到林太乙便说这都是林玉如的阿爹不好！都是林玉如的阿爹不好！教材的热销，不仅给开明书店带来了巨额利润，林语堂

1971年，完成《林语堂当代汉英词典》后，林语堂站在堆满词典文稿的书斋中。

的版税也是相当可观，据说林当时每月可拿700大洋的版税，这在当时已是个很大的数目,那时一个普通银行职员的月薪也不过六七十元。不久，林家不仅住上了洋房，连佣人也雇上了好几个，“版税大王”的称号就这样诞生了。关于林语堂的收入，林太乙曾有这样的回忆，1936年赴美前，父亲的收入有《吾国与吾民》的版税约美金6000元，在开明书店的股份约8000元，《宇宙风》股份400元，此外每年还从《开明英文读本》等书得版税6000元。由此看出，在上海林语堂已是数一数二的富人作家了。

到美国后，由于林语堂的作品风行欧美，所得版税更使他的收入是一年一个台阶。其中，1937年林家的总收入是13000美元。1938年，随着《生活的艺术》的畅销，林家的总收入是36000元。在《京华烟云》面世后的1939年，林家的总收入竟达42000美元，这年林语堂不但为妻子购买了一枚价值1000美元的钻戒，还为郁达夫寄去5000美元作为《京华烟云》的翻译费，以便出版该书的中文版。丰厚的稿酬使林语堂在美国生活得非常舒适。20世纪50年代，林语堂突然有了一个重大发现，那就是与他合作多年的庄台公司给他的版税很不公道。通常一本书的海外版及外文翻译版的版税，原出版公司只抽10%，版权也始终属于作者，而实际上为他出书的庄台公司，不但抽取了50%的版税，连版权也据为己有。这一切他居然都被蒙在鼓里。他联想到这些年，他的作品不光在美国热销，其海外版也深受欧洲及南美读者的欢迎，而由于自己缺乏版权知识，竟损失了那么多版税。想到这里，他不由得勃然大怒……

“一个人要写书，是因为他有话说”

林语堂一生以写作为乐，乐此不疲，在40年的写作生涯中，创作了数十部作品，其中在美国的30年间，就出版了29部书，几乎每年一部。他的作品在国外可谓家喻户晓，有的几十年畅销不衰，甚至成为欧美各阶层老少的“枕上书”。他的二女儿问他当作家的秘诀，他告诉女儿，要做作家最要紧的事，是要对人对四周的事物有兴趣，要比别人有更深的感觉和了悟。要不然谁要听你说话？在他的一生中他感兴趣的东西就特别多，无论是文学、地质、原子、音乐、电子、电动刮胡刀、科学小零件，还是女人时装、开罐头刀以及鸡的眼盖皮，他都感到好奇。他喜欢实际观察人生，他的观察材料来自于老妈子黄妈，她具有中国女教的一切良好思想；一个随口骂人的苏州船娘；一个上海的电车售票员；厨子的妻子；动物园中的一只小狮子；纽约中央公园里的一只松鼠……

他不喜欢那些引经据典的文章，也不主张过度地堆砌辞藻，他把这类文章称作“抄书”。他主张写文章要“培养个人的性

在家中弹琴的林语堂

灵”。有性灵的文章，读起来才感觉清新可爱，活力四射。一个人要写书，是因为他有话说，因此，他说的话，应该是由衷之言，是一己之见，而不是处处仿学古人，更不应该是人云亦云的无病呻吟。林语堂在写作《京华烟云》时，他的女儿林太乙由于迷恋里面的故事，每天放学归来都要第一时间看他当天写的新章节。一次，她没有敲门就冲进他的书房，只见她的父亲眼泪盈眶，她不解地问：“爸，你怎么啦？”林语堂惊愕地看着女儿说：“我在写一段非常伤心的故事。”在父亲潜移默化的影响下，林太乙也不知不觉地走上了写作之路。

林语堂说，写作的时候，也是他最快乐的时候。他不信“灵感”，但他讲究“静”“专”与“兴趣”，他说一个人如果静不下来，心又不专，一天无事忙，才真费精神。他经常清晨5点开始工作，一写就是十多个小时，当他放下笔点燃烟斗时，才发现时间的流逝。他有句名言，“有了兴趣，你是不会去计算钟点的”。

他通常在写小说之前，总用一段时间去塑造书中的人物，草拟一个故事大纲，如同画家的构图，隐隐约约即可。这样写作时，书中的人物就活了，像一个个鲜活的人一样，站立在林语堂的写字台前，不同的人，不同的个性，不同的思想，表现出不同的动作、作风，说出不同的语言，这样故事也随着人物的发展开始渐入佳境。因此，长篇小说的中心，第一是人品，其次才是故事。故事是因人物的人品而进展的。

林语堂书房的写字台上，通常是一尘不染，这里没有堆积如山的图书、信件与稿纸，却经常见到一碟花生米、几块糖或几片牛肉干，当然咖啡是必不可少的。他不饮酒，但是烟斗不离手。他说，如果没有烟斗，他会无法定下心来做事，也无法思考。在纽约时，他有一张大而舒服的皮椅，这是他的工作椅。每当在写字台前工作几小时后，他喜欢往后一躺，他说写作时的挺直姿势与休息时躺在睡椅中的舒服姿势的相互变换，是生活的最高艺术。他就是在这把“皮椅”中，写成了近30部名著。

林语堂的手稿都是清一色的硬皮笔记本。他不太喜欢在打字机前创作，因此，其书稿都是手写的。他习惯于用英文写作，英文用字很巧妙，真可以达到妙笔生花的境界，英文可以语大语小，能表现完全的口语化，因此，往往感人深，一些看起来很平常的语句，却能永远留在人的心底。

写作时，林语堂习惯只用笔记本右边的一面，留下左边一面，

书房中的林语堂

用于修改时写“注脚”。修改时，他通常把要修改的字句，用粗笔涂上，并在上面依次作上编号，然后在同页的空白邻页上，按编号写上修订后的字句，这样，原稿看起来既整洁清楚，又方便排印和校对。他就是用这样的方法，无论在飞机、火车上，还是在家中的皮椅中，写下了他的观察，塑造出一个个透着他的幻想的人物。

沈从文

沈从文（1902—1988）

大师睿语

我欢喜这种书，因为他告给我的正是我所要明白的。他不像别的书尽说道理，他只记下一些生活现象。即或书中包含的还是一种很陈腐的道理，但作者却有本领把道理包含在现象中。我就是个不想明白道理却永远为现象所倾心的人。

若把一本好书同这种好地方尽我拣选一种，直到如今我还觉得不必看这本弄虚作伪千篇一律用文字写成的小书，却应当去读那本色香俱备内容充实用人事写成的大书。

读一本小书同时又读一本大书

在中国现代文学史上，有一位自学成才的文学家，他有“乡土文学大师”的美誉，又是不可多得的“文体作家”“多产作家”。他创作的《边城》《长词》《从文自传》等作品风靡海内外，并被美国、日本、韩国、英国等十多个国家或地区选进大学课本。1988年诺贝尔文学奖因他的去世而与之擦肩而过。他就是二十世纪中国文学史上屈指可数的文学大师沈从文。与众不同的是沈从文还是一位历史文物研究家，晚年所著《中国古代服饰研究》一书可谓古代服饰研究的开山之作，填补了中国物质文化史上的一页空白。

享誉中外的文学大师儿时竟是一个逃学大王。为让沈从文接受正统教育，6岁时，他便被家里送到私塾去学习。不过仅过半年的时间，爱玩的沈从文便厌倦了这单调死板的读书生活，终于因为看一场有趣的木偶戏而耽误了上学，其冠冕堂皇的请假理由竟是因为家里请客而没有来上学。就这样沈从文加入了逃学者的行列，并自此一发而不可收拾，逃学成了他的家常便饭。很快沈从文的劣迹传

1982 年，沈从文在母校凤凰县文昌阁小学教室里。

到家里，家里将他转到另一个管教严格的私塾。没想到在另一个私塾中，沈从文依然醉心于校外那精彩的世界。用沈从文的话说，外面的世界犹如一本包罗万象的大书，远比私塾中的小书要有趣得多。由于这个私塾离家较远，更增加了沈从文的活动半径。每天必经过很多有趣的地方，针铺门前永远必有一个老人戴了极大的眼镜，低下头来在那里磨针。又可看到一个伞铺，大门敞开，做伞时十几个学徒一起工作，尽人欣赏。又有皮靴店，大胖子皮匠，天热时总腆出一个大而黑的肚皮（上面有一撮毛！）用夹板上鞋。一路的美景，让好奇的沈从文不由地驻足观看，并一站就是多半天。他就欢喜看那些东西，一面看一面明白了许多事情。在这里带领沈从文逃出私塾的是他的一个张姓表哥，他教沈从文编造各种谎言来对付学校和家里，而且颇为灵验。由于逃学时手肘上挂个书篮很不方便，为了不被别人认出，他们就将书篮先放到一个无人看管的土地庙里，等玩完后再各自取走。在当时用此法逃学次数最多的就是沈从文。然而，

1982 年，黄永玉陪沈从文重访母校。

常在河边走，总有湿鞋的时候，每当逃学失败，总免不了挨打罚跪。在其他孩子看作是惩罚的罚跪，沈从文却不以为然。他一面被处罚跪在房中的一隅，一面便记着各种事情，想象恰如生了一对翅膀，凭经验飞到各样动人事物上去。按照天气寒暖，想到河中的鳜鱼被钓起离水以后拨刺的情形，想到天上飞满风筝的情形，想到空山中歌呼的黄鹂，想到树木上累累的果实。一幅幅精彩画面的回放，使他忘掉了处罚的痛苦，处罚的时间。他说这种“与世隔绝”的处罚反而给他提供了一个练习想象力的机会。

其实沈从文的天资还是不错的。不逃学时，他也能在学校中安稳地读几天书，许多书只要认真读它十遍八遍，背诵时节也能朗朗上口一字不漏。然而他不喜欢这种生活，他认为读书太容易了点儿，把认得的字记忆下来，有什么稀奇。他稀奇的是另外那些人，在习惯下所做的一切事情，为什么骡子推磨时得把眼睛遮上？为什么刀得烧红时在水里一淬方能坚硬？为什么雕佛像的会把木头雕成人形，所贴的金那么薄又用什么方法做成？为什么小铜匠会在一块铜板上钻那么一个圆眼，刻花时刻得整整齐齐？

为了避免沈从文逃学，家里又把他先后转到了两所新式小学，可是沈从文依然我行我素热衷于外面的世界。后来他竟学会了赌骰子，还懂得了不少下流野话和赌博术语，但这些却在他 15 年后的文学创作中派上了用场，那些粗话野话的运用，不仅使书中的人物更加鲜活，故事也更加动人。沈从文回忆这段儿时的经历说，在校外学的知识远比校内课堂上多得多。这样玩一次，就只一次，也似乎比读半年书还有益处。若把一本好书同这种好地方尽他选一种，直到如今他还觉得不必看这本弄虚作伪千篇一律用文字写成的小书，却应当去读那本色香俱备内容充实用人事写成的大书。

一位姓文的秘书和一位印刷工人

近代中国社会跌宕起伏，战争接连不断，政权更迭更如走马观灯。与此同时，沈家生活也是每况愈下，家境渐渐败落。为了生存，母亲做主让14岁的沈从文离开学校，加入了湘西土著部队，开始了他6年的军旅生涯。这期间沈从文随军移防，辗转流徙，足迹遍及川、湘、黔三省交界地带以及沅水流域。他经历了军阀政治操纵下的各种死亡游戏，见证了太多杀戮，太多死亡，同时对社会生活的各个层面及生活在其中的人有着深刻体验，进一步饱览了人生这部丰富多彩的大书，这些经历为其日后的创作积累了丰富素材。

沈从文对文学的兴趣以及对新知识的向往也是在这一时期形成的。一部《辞源》，一份《申报》，几部狄更斯的小说，一大批碑帖、字画与古书，使他学到不少知识，悟出了好多道理。

一天，部队的秘书处分来了一位姓文的秘书。这位文秘书曾留学日本，皮肤白净，举止斯文，对谁都彬彬有礼，客客气气，即使士兵说野话粗话，他也只是回之以微笑，并不混同。沈从文发现文

沈从文的家乡湖南凤凰

秘书的行李箱中珍藏着一部《辞源》。这部书文秘书视若至宝，每每不得已借给沈从文看时，总是先让沈把手洗得干干净净再翻阅。这是宝贝，天下什么都写在上面，想知道的各样问题，全部写得有条有理，清楚明白。沈从文听后有些半信半疑，他抬眼看到戏楼下诸葛亮三气周瑜的木刻浮雕，便问书中有诸葛孔明卧龙先生吗？文秘书很快就在《辞源》中翻了出来。沈从文快乐极了，没想到这部书这么神奇。事后，他又从这部书中知道了氢气、淮南子、参议院等。此外，在文秘书的引导下，他俩还与秘书处一个老书记商定，三人各出四毛钱订了份沈从文从没见过的报纸《申报》。从这份《申报》中，沈从文又认识了很多生字，了解了一些新知识。

沈从文最早接触到西方文学应是 1921 年在芷江的警察所做办事员时。在芷江住着沈从文的七姨夫，也就是曾担任过民国政府总理的熊希龄的弟弟熊捷三。在熊府的书箱中放着几部林纾译的狄更斯小说《冰雪姻缘》《滑稽外史》《贼史》。

沈从文是第一次看外国小说，但很快便被书中那动人的故事情节所吸引，从此他便成了熊府中的常客，直至将这几部名著如醉如痴地读完。狄更斯的小说不同于以往的《论语》《孟子》，多描写下层百姓在困苦中生存以及大家子弟在坠入困境后的种种挣扎。书中人物的经历与沈从文有着惊人的相似，因此，文中的喜怒哀乐激起了沈从文的强烈共鸣。有道是外行看热闹，内行看门道，沈从文最感兴趣的还是狄更斯向读者叙说故事的本领。十多年后沈从文回忆，他欢喜这种书，因为狄更斯告给他的正是他所要明白的。狄更斯的书不像别的书尽说道理，书里只记下一些生活现象。即或书中包含的还是一种很陈腐的道理，但作者却有本领把道理包含在现象中。他就是个不想明白道理却永远为现象所倾心的人。

后来，沈从文又来到一个治军有方的统领官处做书记。沈从文指出：这份生活实在是他一个转机，使他对于全个历史各时代各方面的光辉，得了一个从容机会去认识，去接近。

这个统领官就是以“湘西王”自居的湘西巡防统领陈渠珍。陈渠珍虽主政一方，但富有文采，很爱读书，常自诩如王阳明、曾国藩一样。他在军部处有四五个大楠木橱柜，橱里收藏着百来轴宋明清的书画，几十件铜器与古瓷，10来箱古书与一大批碑帖，还有一套《四部丛刊》。陈渠珍每日治事与治学两不误，由于工作的关系，他治学时每遇取书或抄录书中某一段时，必令沈从文替他先做妥帖。为了工作时能够得心应手，沈从文提前下了很大功夫。他事先把这

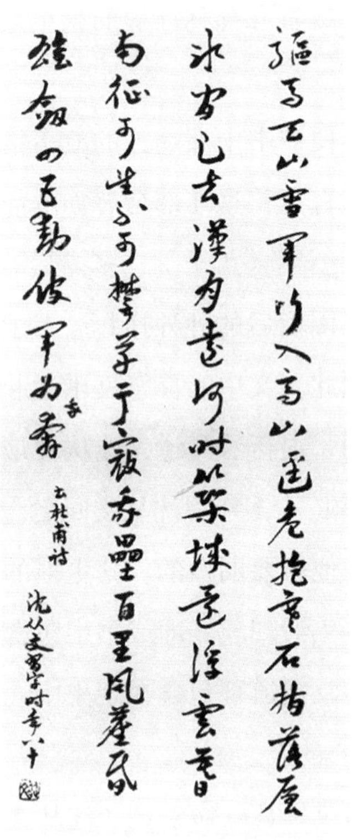

沈从文手迹

些古书、字画作者的人名、时代及其在当时的地位，还有铜器与古瓷的名称、来历、用处等一一找出，然后登记入册……渐渐的，由于应用，他同时就学会了许多知识。又由于习染，他成天翻来翻去，把那些旧书大部分也慢慢地看懂了。

由于军部公务繁忙，那个时期，沈从文就像被关了禁闭一样，不敢须臾离开军部。但这也使得沈从文与那些文物有了更多亲密接触的机会。每当工作闲暇之时，沈从文又把那些旧书画一轴一轴地取出，挂到墙上独自去欣赏其中的妙处；或打开《西清古鉴》《薛氏彝器钟鼎款识》这类工具书，努力从文字和形体上去对照认识铜器上的铭文，辨识他们的名称及价值；有时为弄清一部古籍的作者及其生活年代，他就去查阅《四库提要》。在沈从文看来，这种身临其境的实物学习法远比课堂教学有趣得多，这段特殊的经历使他掌握了大量的传统文化知识，进而对古老的中华文明有了初步认识。这些对沈从文无论在文学创作还是文物研究方面都打下了坚实的基础。

难怪沈从文说，他从这方面对于这个民族在一段长长的年份中，用一片颜色、一把线、一块青铜或一堆泥土，以及一组文字，加上自己生命做成的种种艺术，皆得了一个初步普遍的认识。由于这点儿初步知识，使一个以鉴赏人类生活与自然现象为生的乡下人，进而对于人类智慧光辉的领会，发生了极宽泛而深切的兴味。

促使沈从文接受五四精神洗礼的是从长沙应聘到湘西的一个思想进步的印刷工人。在与这个工人朝夕相处的一段日子里，沈从文看到了这个工人随身带来的《改造》《新潮》《创造周报》等先进书刊，明白了什么是白话文……这是沈从文人生中一个重要转机。沈从文回忆，他很感谢这个印刷工人，因为若没有这些新书，他虽时时刻刻为人生现象自然现象所神往倾心，却不知道为新的人生智慧光辉而倾心。他从那儿知道了些新的，正在另一片土地同一日头所照及的地方的人，如何去用他们的脑子，对于目前社会做反复检讨与批判，又如何幻想一个未来社会的标准与轮廓。他们那么热心在人类行为上找寻错误处，发现合理处，他初注意到时，真产生了不少反感！可是，为时不久，他便被这些大小书本征服了。他对于新书投了降。不再看《花间集》，不再写《曹娥碑》，却欢喜看《新潮》《改造》了。为了读过些新书，知识同权力相比，他愿意得到智慧，放下权力。他明白人活到社会里，应当有许多事情可做，应当为现在的别人去设想，为未来的人类去设想，应当如何去思索生活，且应当如何去为大多数人牺牲，为自己一点点理想受苦，不能随便马虎过日子，不能委屈过日子。

从这看出，在五四新风的吹拂下，沈从文的精神思想已不知不觉地发生了重大改变。而这时，已是五四运动爆发两年多的时代了。沈从文发现，地域偏僻、消息闭塞的湘西已满足不了他的文化追求，为学些新问题，去看些令人耳目一新的世界，必须得进一个新的学校。于是，沈从文闷闷沉沉地躺在床上，在水边，在山头，在大厨房同马房，痴呆想了4天，终于下决心到新文化运动的中心北京去读书，到一个永远无从毕业的学校，去学那课永远学不尽的人生。

艰难跋涉的北漂青年

1923年，沈从文背着个小包袱从千里之外的湘西来到北京。他到北京最大的愿望是进大学去读书，可是只有小学文化程度的沈从文要通过大学的入学考试几乎是不可能的。他听说清华是一个很有前途的学校，只要读两年“留学预备班”，即可依例去美国留学，但随后又听说进清华必须凭熟人的介绍，方可注册入学，否则难以如愿。上清华不成，考北大更是高不可攀。于是，沈从文请朋友戏剧家丁西林和教英文的陈源教授为他辅导英语，以便准备赴剑桥留学的考试。无奈沈从文连26个英文字母都背不过，只好作罢。后来，沈从文参加了燕京大学国文班的入学考试，结果在考试中一问三不知，竟得了零分，连预先所交的两块钱报名费也被退回。

沈从文的大学梦就这样破灭了。但求知欲极强的他并没有灰心，而是一面去北大旁听，一面扎进京师图书馆，如饥似渴地啃起书来。他坚信，自学也一定能成才。在那些日子他每天一回到住处，就无日无夜写起来，他立志要用手中的一支笔打出一个天下。他说，他只想把他生命所走过的痕迹写到纸上。

然而，残酷的现实告诉他，要实现这一理想并不是那么容易。首先，由于缺乏经济来源，仅日常生活就难以维持。当初沈从文到北京，口袋里只有7块6角钱，在日后的两年半中，虽然每天仅靠馒头咸菜这样简单的饭菜来充饥，但时间长了，生活还是难以为继。沈从文只得向表弟、朋友、老乡借钱，实在没办法时，他就靠赊账吃饭。30年代，一次沈从文在北京无意中看到他常去的那家小饭馆的赊账牌上仍记着“沈从文欠××元”。有人问他，后来钱还否，他笑答当然没有。虽然生活艰苦，沈从文仍然一边发奋读书，一边整日整夜地写东西。为了能发表，以换取点稿费，他常按照报刊的要求，用不同的文体去写，无论是小说、散文还是诗歌、戏剧、民间故事、谣谚，他简直成了一个职业作家。可即使这样，他寄出的稿子也常常是泥牛入海。因为没有名气，一个文学青年要得到编辑的认可，并不是件容易的事。当时《晨报》副刊的主编在一次编辑会上，指着桌上沈从文的几十篇稿子奚落说，这是某某大作家的作品！说完即不屑一顾地把稿子揉成一团，扔进废纸篓里。

正当沈从文饥寒交迫，创作无路之时，其创作道路上的一个重要引路人出现了，他就是享誉中国现代文坛的作家郁达夫。郁达夫的到来源于沈从文的一封信。正如上文所说，满怀希望来北京读书的沈从文不久便陷入了生活窘迫、投稿无望的极度困境中，无奈他只好怀着一丝希望通过书信向几位知名作家发出了最后心声，收到信的其中就有郁达夫。在1924年一个大雪纷飞的日子，郁达夫推开了沈从文“窄而霉小斋”的房门。迎面而来的寒气告诉郁达夫屋里并没有点炉子，只见沈从文身着两件夹衣，用旧棉絮裹着双腿，正坐在桌前用冻得红肿的手写着他的小说。

“找谁？”

“请问沈从文先生住在哪里？”

“我就是。”

“哎呀……你就是沈从文……你原来这么小。……我是郁达夫，我看过你的文章，好好地写下去……我还会再来看你。”

随后郁达夫带着饥饿不堪的沈从文去吃饭，那顿饭共花了 1 元 7 角多，郁达夫拿出 5 元钱结账，然后将剩余的 3 元 2 毛几分钱全都给了沈从文。要知道郁达夫当时每月的实际收入也就 30 多元，激动万分的沈从文回到住处后便忍不住大哭了一场。沈从文的处境引起郁达夫的强烈愤慨，在回去的当晚，便挥笔写下了《给一位文学青年的公开状》的著名文章。文中既有对沈从文“坚忍不拔的雄心”的称赞，也有对沈从文这种“简单愚直”做法的感叹，并为沈从文指出了上中下三策。这“一饭之恩”对沈从文来说可谓意义重大，在当时郁达夫不仅给了穷困潦倒的沈从文以生活上的关心，更重要的是给沈从文的文学创作上带来的巨大促进与鼓舞。终于在这年 12 月 22 日，《晨报》副刊首次刊出他的散文《一封未曾付邮的信》。从此，他的作品开始见诸报端。这段文学情怀沈从文终生难忘。50 年代初，黄苗子与郁达夫的侄女郁风去拜望沈从文，虽是第一次见面，沈从文仍激动万分地对郁风说起郁达夫看望他的那段往事。

沈从文的成功首先来自于自己的勤奋与天赋，另外与人生道路上诸多朋友的帮助也是分不开的。沈从文在《从文小说习作选》“代序”

中真诚地指出：徐志摩先生、胡适之先生、林宰平先生、郁达夫先生、陈通伯先生，杨今甫先生、丁西林先生，这十年来没有他们对自己的种种帮助和鼓励，这本集子里的作品不会产生，不会存在。尤其是徐志摩先生，没有他，沈从文这时节也许照《自传》上所说到的那两条路选了较方便的一条，不到北平市去做巡警，就卧在什么人家的屋檐下，瘪了、僵了，而且早已腐烂了……由这些肺腑之言可以看出沈从文对以徐志摩为首的这些朋友的感激之情。正如沈从文所说，如果说第一个发现沈从文文学才气的朋友是郁达夫，那么沈从文得以进入文艺界更多靠的是徐志摩。正是这个“平生风谊兼师友”的徐志摩从根本改变了沈从文困守“窄而霉小斋”的艰难状况，帮助沈从文登上了中国文坛。巧合的是大量刊出沈从文作品的还是这个《晨报》副刊，只不过这时副刊的主编已换成了欧洲归来的徐志摩。意气风发、才气十足的徐志摩对来稿很苛刻，一般稿件难入其法眼，有时即使自己去写，也不愿意凑合。当他看到沈从文的来稿时惊呆了，文中清新的文字，朴实的生活情趣，丰富的想象力让徐志摩不住地颔首称赞。于是徐在当月便连发了 3 篇沈从文的文章。随之而来的第二个月，徐志摩又一口气发表了沈从文的各类作品达 7 篇之多，并锦上添花在沈的散文《市集》后附上了精彩赏析——“志摩的欣赏”。在这段精彩赏析中，徐志摩盛赞沈从文描写的家乡的“市集”：这是多美丽，多生动的一幅乡村画。作者的笔真像是梦里的一只小艇，在波纹瘦鳒鳒的梦河里荡着，处处有着落，却又处处不留痕迹；这般作品不是写成的，是想成的。给这类的作者，批评是多余的，因为他自己的想象就是最不放松的不出声的批评者；奖励也是多余的，因为春草的发青，云雀的放歌，都是用不着人们的奖励的。要知道，当时能在《晨报》副刊发文的均是像鲁迅、胡适、闻一多、冰心、凌叔华这样的文坛重量级人物，而沈从文能够跻身其间，说明其文章已达到了相当水准。另一方面来说，这与徐志摩的慧眼识珠、大力推荐不无关系。徐志摩对沈从文的帮助远不止这些，他还频频带沈从文参加各种诗界的活动，与朱湘、饶孟侃、刘梦苇等一伙青年诗人，常聚在闻一多的屋子里，共同吟诵诗歌，交流心得。不知不觉中，沈从文已成为文艺圈中不可或缺的一员。

只有小学文凭的大学教授

当时社会，仅靠稿酬是难以生存的，即便是鲁迅也得靠做事才能维持生活。沈从文第一次投稿的稿酬仅为 3 角 7 分。作为职业作家，即使拼命去写每个月收入也超不过 40 元。无奈沈从文对徐志摩谈及自己想到上海美术专科学校，师从刘海粟学绘画。徐志摩说，还念什么书，去教书吧。于是介绍他到胡适任校长的中国公学任教。从此，沈从文走上讲台。

不想，沈从文虽下笔如神，却生性木讷，不善言辞，第一次讲课便出尽了洋相。那天，他虽认真准备了能讲一个小时的讲义。不料一登上讲台，抬眼望去，只见黑压压一片人头，蓦然一惊，又见一双双期待的眼睛，这时沈从文已紧张得无所适从，脑子一片空白，原先想好的话题一下子忘到了九霄云外。在众目睽睽下，呆立讲台竟然足足有十分钟。好不容易开口，又将一小时的讲课内容十分钟便倾囊倒出。最终，只好用粉笔在黑板上写道：我第一次上课，见你们人多，怕了。

很快这事便成了师生们议论的焦点，议论自然很快传到校长胡适的耳朵里，胡适却不以为然。胡适大胆启用只有小学毕业资历的沈从文来当大学教师，其实早有用意。一方面体现了他在人才选拔上的不拘一格；另一方面是他想用沈从文这样的有创作经验的老师，来提高学生的创作兴趣，以改变传统中文教学只重古典，重理论研究的不足。在课堂上沈从文虽然口才不济，但最终还是凭借其文艺天赋及丰富的创作经历赢得学生的欢迎。后来胡适日记中曾有这样一段话：北大国文系偏重考古，他在南方见侃如夫妇（陆侃如、冯沅君）皆不看重学生试作文艺，始觉此风气之偏。从文在中公最受学生爱戴，久而不衰。大学之中国文学系当兼顾到三方面：历史的、欣赏与批评的、创作的。

沈从文对于胡适的力排众议不胜感激，这个大胆的尝试（即启用小说家任教）可说是适之先生尝试的第二集（胡适的第一本诗集名《尝试集》）……

沈从文在西南联大任教时开过三门课：各体文习作、创作实习和中国小说史。沈从文教写作，写得比说得多。他经常在学生的作业后面写下很长的读后感。此外，沈从文还常给学生推荐一些与学生作品相近的中外名家的作品看，这样个人作品写得好与不好，一比便知。因此，沈从文每次上课，总是夹着一大摞书来到教室。为鼓励学生，沈从文常做主将写得较好的习作寄到相熟的报刊上发表。多年来，经其手推荐出去的稿子可谓不计其数，其学生汪曾祺 1946 年前写的作品，便大多被沈从文寄出去推荐发表了。不过这样时间长了，开支成了问题，抗战时期，通货膨胀，沈从文不得不将稿纸裁得仅剩内容部分，以防止超重，来节省邮费。而每当收到稿费时，他必亲自为学生送去。

汪曾祺说沈从文常称他自己的小说为“习作”，这也并不完全是谦虚。他的一些小说是为了教创作课给学生示范，用各种方法写的：如《若墨医生》就是为了教学生写对话，通篇都用对话组成的一篇小说。有的，一句对话也没有，他写的《月下小景》就是为了履行许给张家小五的诺言“写故事给你看”而写的……沈从文的文章有两个鲜明的特点：一是为了使文笔质朴简练，文句中尽量少用“的”字；二是小说中主人公只有一男一女时，沈从文往往用全称、泛称来代替特称，如男主角用“男人”，女主角用“女人”。因此，沈从文的文章有“沈从文体”的雅称。其学生吴小如便深得其要旨，文章中也有“女人有个妹妹”这类的话语，其朋友看后均说，很有点沈先生的味道了。

沈从文在写作方面对学生要求很严。他对萧乾指出：文字同颜料一样，本身是死的，会用它就会活。作画需要颜色且需要会调弄颜色。一个作家不注意文字，不懂得文字的魔力，纵有好思想也表达不出这种好思想。因此，他常告诫学生写好一篇小说后还要反复润色。他自己也是这样身体力行的。沈从文爱改自己的文章。他的原稿别人很难看清楚，天头、地脚、页边，到处是其修改的字迹，犹如一张蜘蛛网。不光写作时改，作品发表了还改，成书了也改。沈从文日常说话时很爱用“耐烦”两个字，他说自己不是天才，只是“耐烦”而已。他说的“耐烦”就是锲而不舍、不怕费劲的意思。从他的写作历程来看，他的确够“耐烦”的了。

在历史的瓦砾堆里

1949 年以后，沈从文因故转到北京工作，自此专心从事文物研究工作。人们为沈从文在文学上的“失踪”感到不平，认为是楚才晋用，沈从文却说，那未必不是塞翁失马。对他来说，这是一个机会，可以具体地把六千年的中华文物，劳动人民的创造成果，有条理，有系统地看一个遍。其实除文学创作外，沈从文本来就是个文物谜。早在 1922 年沈从文在湘西王陈渠珍手下做书记时便读过《西清古鉴》《薛氏彝器钟鼎款识》等书，并大量接触了陈氏收藏的古籍、字画等各种收藏品。沈从文酷爱淘古董，抗战胜利回北平后，一有时间沈从文便拉着妻妹张充和一起去淘古董。张充和本对此不感兴趣，但她知道姐夫“沈二哥”拉她一起去的真实用意：一是为避免姐姐张兆和埋怨，拿她作挡箭牌；二是张充和逛得高兴了，可以大方地掏钱代他买下，因为张充和一个人，手头余钱多。

常与沈从文一起买古董的还有朱光潜。二人为多弄些钱买古董，总是想方设法、绞尽脑汁。每到年关，沈从文对朱夫人说，快过年，他想邀孟实（朱光潜的字）陪他去逛逛古董铺。”意思是让朱夫人给朱一些钱。有时朱也到沈家对张兆和如法炮制。后来两位夫人一见面，这点儿小把戏也就不攻自破了。

以往的文物经历使沈从文对于新的工作并不陌生，很快便驾轻就熟，游刃有余。1953 年，波兰东方博物馆的一个主任来华考察，在历史博物馆她提出看铜镜，沈从文直接凭记忆就列出了 300 个铜镜的目录，并摆出来现场讲解，使得波兰专家钦佩不已。一次沈从文带着王亚蓉等人在历史博物馆参观《大驾卤簿图》，该图场面宏大，光人物就有两千多个。回来后，沈问大家第七方队，前排人腰间佩的物件是什么？听者均无言以对。接着，沈从文便就各排人物的衣着服饰，一一解剖、娓娓道来。

“台上一分钟，台下十年功。”王亚蓉说，沈从文从不承认自己是天才，只知道勤奋、耐心和忘我的劳动。为熟悉馆藏，做到如数家珍，他每天都在库房、陈列室的文物堆中转来转去，对万千种文物一一细加观察和探索。凡所过目的文物，他对其中人物服饰、家具器皿、风俗习尚、花纹设色、笔调风格、细小到一履一带，一环一佩，一点一线，无不充满兴味地加以注意。在总体上可谓是一览无余，于细末处又能微察秋毫。且看且写，种种形象连同所否所是各样问题，也一并藏入他博闻强记而又善于系列化排比的头脑中，他已经完全融化在文物考察里了！早年的书法功底使他自告奋勇写的展览卡片铁画银钩、力透纸背，犹如一部内容丰富的卡片式字帖；他的讲解将实物与文献相结合，深入浅出、见解独到，若稍加整理便是一篇通俗易懂、引人入胜的文稿。

沈从文说，我们中国有悠久的文明历史，可我们的文史研究工作还赶不过日本朋友，使人心里难过得很。对于我们的文化，最有发言权的应该是我们自己，得努力啊！他认为，凡事不孤立，凡事有联系。就拿一面小小的铜镜来说，自原始社会末期至清代中叶，这期间就发生了很大变化。无论是装镜子的盒子、套子，搁镜子的台子、架子，还是人们用镜子的意义都在变。就连镜子上面的文字和花纹也与当时的诗歌和宗教信仰有着密切联系。就这样，30多年来，沈从文就国内文物研究的空白点，分门别类，拟出研究草目。王亚蓉说，他们进行的几十项研究课题，均是在沈从文这一草目的基础上，后来又有所增补的。

1934年春，沈从文、张兆和摄于达园。

晚年的沈从文主要从事中国古代服饰研究工作，其专著《中国古代服饰研究》一书，填补了中国物质文化史上的一页空白。说来这个专著还与周恩来总理有关。张兆和说，1964年，周总理对时任文化部副部长的齐燕铭说，他每次出国访问，都看到一些国家的博物馆、蜡像馆里，有反映该国悠久文化的历代服饰陈列，我们是个大国，文化比他们悠久灿烂，为什么还没有一本这方面的书？

总理问："现在我们有谁在研究古代服饰？"

齐燕铭回答说："沈从文先生在研究。"

1961 年，沈从文在中国历史博物馆讲授古代丝织品知识。

总理当即决定，把这个任务交给沈从文，给他充分的工作条件，编写出一部中国历代服饰的书来。

沈从文接下这个重任后，为有更多时间编写《中国古代服饰研究》一书，总是想方设法，以各种理由拒绝来访的客人。比如“本人患严重传染病，最近不能见客人”“本人心脏病发作，遵医嘱不能见客”等。因为宿舍太小，年老体衰的沈从文为充分利用空间，就把服饰图录分门别类贴于墙上，又在房间内挂上 5 根铁丝，将图像挂在上面，总之屋里无处不是图像资料。黄永玉回忆这间屋子指出：无一处不是书，不是图片，不是零零碎碎的纸条，任何人不能移动，乱中有致，心里明白，物我混为一体。床已经不是睡觉的床，一半堆随手应用的图书。桌子只有稍微用肘子推一推才有地方写字。

夜晚，书躺在躺椅上，从文表叔就躺在躺椅上的书上。他每天凌晨3点就起床工作，工作时常常是一手拿着毛巾，捂着正流血的鼻子，一手奋笔疾书。他常对来看望他的年轻人说：“有什么法子，自己可用的日子不多了！”

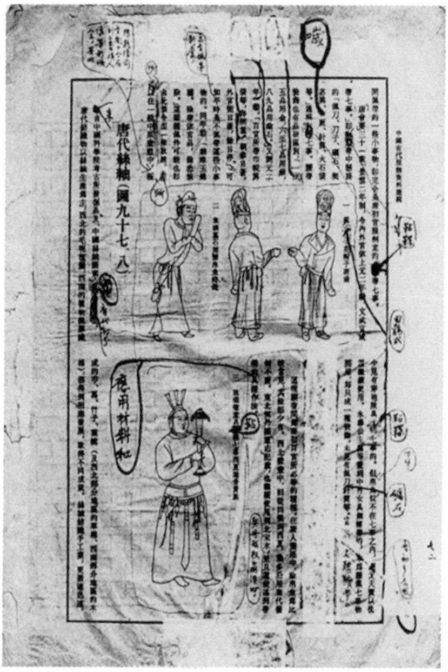

《中国古代服饰研究》校样稿，沈从文回京后又对校样做过多次校改。

1981年9月《中国古代服饰研究》一书由商务印书馆香港分馆出版。胡乔木专门写来贺信：以一人之力，历时十余载，几经艰阻，数易其稿，幸获此鸿篇巨制，实为中国学术界一重大贡献，极为可贺。我国领导人曾将该书作为国礼送给日本天皇、美国总统和英国女王。学术界对该书更是好评如潮。沈从文却很谦逊，他说这也算不上什么科学研究。不过学得了一点常识，试试新的方法，失败了，也只是个人，影响不到大处。该书出版后，沈从文发现该书有不足之处，于是准备出增订本，他根据当时新出土的陶瓷壁画新增了原先缺少的原始社会部分，并更换了100幅新彩图，直到患上脑血栓后，他才将工作交给助手王亚蓉。遗憾的是，沈从文没有等到增订本出版便于1988年逝世。

参考文献

〔1〕宋炳辉：《辜鸿铭印象》，上海：学林出版社 1997 年版。

〔2〕落尘：《民国的底气》，北京：中央广播电视大学出版社 2011 年版。

〔3〕中国人民政治协商会议全国委员会文史资料研究委员会《文史资料选辑》编辑部：《文史资料选辑 第八集（总 108 辑）》，北京：中国文史出版社 1986 年版。

〔4〕黄兴涛：《文化怪杰辜鸿铭》，北京：中华书局 1995 年版。

〔5〕黄兴涛：《辜鸿铭文集 下卷》，海口：海南出版社 1996 年版。

〔6〕黄兴涛：《旷世怪杰——名人笔下的辜鸿铭 辜鸿铭笔下的名人》，上海：东方出版中心 1998 年版。

〔7〕陈平原、杜玲玲：《追忆章太炎》，北京：生活·读书·新知三联书店 2009 年版。

〔8〕梁启超：《清代学术概论》，北京：东方出版社 1996 年版。

〔9〕许寿裳：《章太炎传》，天津：百花文艺出版社 2004 年版。

〔10〕姚奠中、董国炎：《章太炎学术年谱》，太原：山西出版传媒集团·三晋出版社 2014 年版。

〔11〕陈永忠：《章太炎与近代学人》，天津：百花文艺出版社 2011 年版。

〔12〕章太炎：《国故论衡》，上海：上海古籍出版社 2006 年版。

〔13〕上海书画出版社:《章太炎篆书千字文》,上海:上海书画出版社 1982 年版。

〔14〕姚奠中口述，张建安采写：《百岁溯往》，北京：生活·读书·新知三联书店 2013 年版。

〔15〕章太炎著，陈平原编：《章太炎的白话文》，贵阳：贵州教育出版社 2001 年版。

〔16〕陈存仁：《阅世品人录：章太炎家书及其他》，桂林：广西师范大学出版社 2008 年版。
〔17〕孟祥才：《梁启超评传》，北京：中华书局 2012 年版。
〔18〕夏晓虹：《追忆梁启超》，北京：中国广播电视出版社 1997 年版。
〔19〕陈平原：《中国散文小说史》，上海：上海人民出版社 2014 年版。
〔20〕梁启超著，王蘧常选注：《梁启超选集》，北京：人民文学出版社 2004 年版。
〔21〕穆卓：《宝贝，你们好吗？：梁启超爱的教育·给孩子们的 400 余封家书》，太原：山西人民出版社 2012 年版。
〔22〕梁启超：《梁启超家书》，西安：陕西师范大学出版总社有限公司 2011 年版。
〔23〕俞祖华、俞梦晨：《像梁启超那样做父亲》，济南：山东画报出版社 2013 年版。
〔24〕湖北省人民政府文史研究馆：《黄季刚先生逝世五十周年诞生一百周年纪念集》，武汉：湖北省人民政府文史研究馆 1986 年版。
〔25〕张晖：《量守庐学记续编：黄侃的生平和学术》，北京：生活·读书·新知三联书店 2006 年版。
〔26〕程千帆、唐文：《量守庐学记——黄侃的生平与学术》，北京：生活·读书·新知三联书店 2006 年版。
〔27〕《罗常培文集》编委会：《罗常培文集》，济南：山东教育出版社 2001 年版。
〔28〕陆昕：《祖父陆宗达及其师友》，北京：人民文学出版社 2011 年版。
〔29〕程千帆、张伯伟编：《程千帆全集 卷十五桑榆忆往》，石家庄：河北教育出版社 2000 年版。
〔30〕邓九平：《中国文化名人谈恩师》，北京：大众文艺出版社 2000 年版。
〔31〕冯友兰：《三松堂自序》，北京：生活·读书·新知三联书店 1989 年版。
〔32〕鲁迅：《呐喊》，北京：生活·读书·新知三联书店 2015 年版。
〔33〕鲁迅著，陈琼芝、姚锡佩校注：《三闲集·二心集·南腔北调集》，杭州：浙江人民出版社 2002 年版。

〔34〕沈永宝：《钱玄同印象》，上海：学林出版社 1997 年版。
〔35〕曹述敬：《钱玄同年谱》，济南：齐鲁书社 1986 年版。
〔36〕余连祥：《钱玄同》，合肥：黄山书社 2012 年版。
〔37〕高勤丽：《疑古先生——名人笔下的钱玄同 钱玄同笔下的名人》，上海：东方出版中心 1999 年版。
〔38〕徐铸成：《旧闻杂忆》，北京：生活·读书·新知三联书店 2009 年版。
〔39〕周维强：《扫雪斋主人：钱玄同传》，杭州：浙江人民出版社 2003 年版。
〔40〕刘文典：《刘文典诗文存稿》，合肥：黄山书社 2008 年版。
〔41〕章玉政：《刘文典年谱》，合肥：安徽大学出版社 2011 年版。
〔42〕梁启超等：《民国语文》，沈阳：辽宁人民出版社 2013 年版。
〔43〕刘平章：《刘文典传闻轶事》，昆明：云南美术出版社 2002 年版。
〔44〕章玉政：《刘文典：狂士本色》，沈阳：辽宁人民出版社 2015 年版。
〔45〕许渊冲：《逝水年华》，北京：生活·读书·新知三联书店 2008 年版。
〔46〕钱文忠：《陈寅恪印象》，上海：学林出版社 1997 年版。
〔47〕吴定宇：《学人魂：陈寅恪传》，上海：上海文艺出版社 1996 年版。
〔48〕齐白石：《白石老人自述》，济南：山东画报出版社 2000 年版。
〔49〕蒋天枢：《陈寅恪先生编年事辑（增订本）》，上海：上海古籍出版社 1997 年版。
〔50〕陈流求、陈小彭、陈美延：《也同欢乐也同愁：忆父亲陈寅恪母亲唐筼》，北京：生活·读书·新知三联出版社 2010 年版。
〔51〕江西省政协学习、文史委员会，修水县政协文史资料委员会：《一门四杰——修水陈宝箴、陈三立、陈衡恪、陈寅恪史料》，南昌：江西省政协学习、文史委员会，修水县政协文史资料委员会 1994 年版。
〔52〕凌宇：《沈从文传》，北京：十月文艺出版社 1988 年版。
〔53〕顾颉刚：《古史辩·自序》，上海：上海古籍出版社 1982 年版。
〔54〕董桥：《立春前后》，北京：海豚出版社 2013 年版。

〔55〕徐志摩：《再别康桥：徐志摩的诗》，天津：百花文艺出版社 2016 年版。
〔56〕陈独秀：《独秀文存》，合肥：安徽人民出版社 1987 年版。
〔57〕胡适：《胡适全集 4》，合肥：安徽教育出版社 2003 年版。
〔58〕单纯：《三松堂主——名人笔下的冯友兰 冯友兰笔下的名人》，上海：东方出版中心 1999 年版。
〔59〕胡适：《胡适全集 3》，合肥：安徽教育出版社 2003 年版。
〔60〕张松：《北大那些人》，天津：天津教育出版社 2008 年版。
〔61〕胡适：《胡适全集 18》，合肥：安徽教育出版社 2003 年版。
〔62〕冯友兰：《冯友兰自述》，北京：中国人民大学出版社 2011 年版。
〔63〕罗尔纲：《师门五年记・胡适琐记：增补本》，北京：生活・读书・新知三联书店 1998 年版。
〔64〕郜元宝：《胡适印象》，上海：学林出版社 1997 年版。
〔65〕胡适：《胡适全集 28》，合肥：安徽教育出版社 2003 年版。
〔66〕黎东方：《我对历史的看法》，北京：中国工人出版社 2008 年版。
〔67〕潘耀明：《大家风貌：潘耀明说文化名人》，北京：人民日报出版社 2014 年版。
〔68〕张伍：《张恨水自述》，郑州：河南人民出版社 2006 年版。
〔69〕符家钦：《张恨水故事》，太原：山西教育出版社 1998 年版。
〔70〕张正：《魂梦潜山——张恨水纪传》，太原：山西人民出版社 2000 年版。
〔71〕张伍：《忆父亲张恨水先生》，北京：十月文艺出版社 1995 年版。
〔72〕老舍：《又是一年芳草绿：老舍散文》，北京：北京联合出版公司 2015 年版。
〔73〕张明明：《回忆我的父亲张恨水》，天津：百花文艺出版社 1984 年版。
〔74〕林语堂：《我这一生：林语堂口述自传》，南京：江苏人民出版社 2014 年版。
〔75〕施建伟：《幽默大师——名人笔下的林语堂 林语堂笔下的的名人》，上海：东方出版中心 1998 年版。
〔76〕萧南：《衔着烟斗的林语堂》，成都：四川文艺出版社 1995 年版。

〔77〕沈从文：《从文自传》，南京：江苏人民出版社 2014 年版。

〔78〕沈从文：《沈从文文集第 11 卷 文论》，长沙：湖南人民出版社 2013 年版。

〔79〕徐志摩：《中华散文珍藏本 徐志摩卷》，北京：人民文学出版社 2001 年版。

〔80〕徐志摩、顾永棣：《徐志摩全集 书信卷》，杭州：浙江人民出版社 2015 年版。

〔81〕吴世勇：《沈从文年谱》，天津：天津人民出版社 2006 年版。

〔82〕杨建民：《昨日文坛的别异风景》，西安：西安出版社 2013 年版。

〔83〕孙冰：《沈从文印象》，上海：学林出版社 1997 年版。

〔84〕朱光潜、荒芜：《我所认识的沈从文》，长沙：岳麓书社 1986 年版。

〔85〕汪曾祺：《汪曾祺散文选集》，天津：百花文艺出版社，2004 年。

〔86〕季羡林著，马相武编：《季羡林散文选集》，天津：百花文艺出版社 2004 年版。